Britta Laubvogel

Frauengesprächskreis
kreativ

Methodische Zugänge
und 13 Themenentwürfe

Unter Mitarbeit von Beate Tarrach

D1722364

BRUNNEN

VERLAG GIESSEN · BASEL

© 2002 Brunnen Verlag Gießen
Umschlagmotiv: The Stockmarket, Düsseldorf
Umschlaggestaltung: Ralf Simon
Satz: Brunnen DTP
Druck und Bindung: St.-Johannis-Druckerei, Lahr
ISBN 3-7655-2956-7

Inhalt

Abkürzungen für die Angabe von Fundstellen für Liedvorschläge

EG   *Evangelisches Gesangbuch*

NG   *Neue Gemeindelieder*, Oncken Verlag Wuppertal und
     Kassel, ^{6}1997.

GLB *Jesus, unsere Freude. Gemeinschaftsliederbuch*, hrsg.
     vom Evangelischen Gnadauer Gemeinschaftsverband e.V.,
     Brunnen Verlag Gießen, ^{4}2002.

LfG *Ich will dir danken. Lieder für die Gemeinde.* Hänssler
     Verlag/Bundes Verlag, Holzgerlingen/Witten, 12. Aufl. o.J.

LL   *Lebenslieder plus*, hrsg. vom CVJM-Gesamtverband in
     Deutschland e.V., Buch- und Musikverlag des ejw,
     Stuttgart ^{5}1999.

Wie dieses Buch entstand

„Ja, aber wir haben doch einen Frauenkreis" – das war die Reaktion der Frauen, die sich bereits jahrelang regelmäßig zu Kaffee und Vortrag trafen, als wir ihnen unsere Idee präsentierten. Wir – ein Team von vier Frauen – wünschten uns eine Alternative. Frauen sollten in schöner Atmosphäre die Möglichkeit haben, ungezwungen ins Gespräch zu kommen: über das Leben, den Alltag, die eigenen Fragen, den Glauben. Es sollte ein Angebot für Frauen sein, die nicht aus einem gemeindlichen oder kirchlich-religiösen Umfeld kommen; eine Einladung, miteinander nachzudenken, zu feiern, fröhlich zu sein, ohne dabei die schwierigen Seiten des Lebens zu verschweigen. Wir wollten Frauen neugierig machen auf ein spannendes Leben im Glauben an Jesus Christus.

Dafür hatten wir vier eine Vision – das „Frauenforum". Einmal monatlich trafen wir uns abends im „grünen Salon", dem schönsten Raum im Gemeindehaus der evangelischen Kirchengemeinde Obertshausen. Anne hatte dabei die besondere Gabe, den Raum phantasievoll und schön zu gestalten. Irgendwann lernten wir, die Dekoration für die Erarbeitung des Themas zu nutzen. So bekamen oftmals „gewichtige" Lebensthemen sehr anschauliche Gestalt; Naturmaterialien erhielten symbolische Aussagekraft. Wege aus Baumrinde, Steinen, Disteln und Wurzeln standen für unwegsame Lebensabschnitte, Sand wurde zum Symbol für Wüstenzeiten und Sterne leuchteten für die „Sternstunden des Lebens" auf. Oft waren es gerade diese Symbole und die „kreativen Kleinigkeiten" am Rande, die Türöffner zu tieferen Gesprächen wurden.

Schon nach wenigen Abenden fühlten wir uns in diesem Vorgehen bestätigt, und so entwickelten sich die Abende des Frauenforums immer mehr zu ihrer ganzheitlichen Ausrichtung. Auch wenn die Vorbereitungen manchmal aufwändig waren – die Begegnungen, die an diesen Abenden geschahen, die Gespräche und die gemeinsamen Erfahrungen haben jede Mühe als gerechtfertigt erwiesen.

Im Laufe der Jahre haben wir auch die gemeinsame Arbeit im Team sehr schätzen gelernt. Deswegen möchte ich an dieser Stelle Anne, Astrid und Monika sehr herzlich danken: Danke für eure vielen guten Ideen und die jahrelange inspirierende Zusammenarbeit.

In einem ersten Teil dieses Buches finden Sie eine Zusammenstellung verschiedener Methoden, die für die Arbeit mit Gruppen geeignet sind. Die einzelnen Methodenvorschläge können Sie wie Bausteine verwenden und im Verlauf eines Abends unterschiedlich kombinieren. In einem zweiten Teil finden sie ausgearbeitete Entwürfe zu konkreten Themen. Alle diese Entwürfe sind in der eigenen Praxis erprobt. Zu Ihrer Orientierung als Leiterin finden Sie vorweg jeweils eine kurze Erläuterung zum thematischen Rahmen bzw. dem biblischen Horizont und den Zielvorstellungen des Abends. Es folgt dann eine Liste der Materialen, die Sie zur Gestaltung des Raumes bzw. im Verlauf der Arbeit am Thema benötigen.

Der Ablauf eines Abends ist anschließend detailliert beschrieben. Bei den meisten Entwürfen finden Sie außerdem Vorschläge für zusätzliche Materialien, Lieder, Texte oder weiterführende Themen bzw. biblische Texte. Die Entwürfe sind natürlich offen für Abwandlungen und eigene Idee, die Sie gern umsetzen möchten. Aber wenn die Zeit einmal besonders knapp ist, bieten sie Ihnen auch eine „gebrauchsfertige" Vorlage, die Sie mit wenig Aufwand in die Praxis umsetzen können.

Dieses Buch ist als Praxishilfe für alle gedacht, die in der Arbeit mit Frauengruppen stehen und regelmäßig neue Ideen und Anregungen brauchen. Dass es Ihnen allen eine Hilfe bieten möge, wünschen wir uns. Ihnen wünschen wir: Lassen Sie sich anstecken. Entdecken Sie das kreative Potenzial in sich selbst und in den Teilnehmerinnen Ihrer Gruppe. Und erleben Sie dabei mindestens so viel Freude, wohltuende Gemeinschaft und interessanten Austausch, wie wir als Team sie bei der Vorbereitung und Durchführung dieser Themenabende erlebt haben.

Britta Laubvogel

Teil I: Methodische Zugänge

1. Methoden zum Einstieg

1.1 Assoziationen zu Bildern oder Kurztexten

a) Ziele

- assoziatives und schöpferisches Denken anregen
- abstrakte Themen anschaulich werden lassen
- ersten Austausch von Erfahrungen und Ansichten zum Thema ermöglichen
- momentane Befindlichkeit mitteilen
- Hemmschwelle zum Gespräch abbauen
- den Raum dekorativ gestalten

b) Ablauf

In die Mitte eines Stuhlkreises werden verschiedene Bilder auf den Boden gelegt, die zum Thema des Treffens passen. Es sollten deutlich mehr Bilder als Teilnehmerinnen vorhanden sein. Bevor es „richtig" losgeht, können die Teilnehmerinnen schon einmal ihren Blick auf die Bilder werfen und sich erste Gedanken dazu machen. Je nach Thema und Gruppenzusammensetzung sind verschiedene Wege möglich.

Bilder aussuchen

Jede Teilnehmerin wird aufgefordert, sich ein Bild auszusuchen. Bei der Fragestellung kann man – je nach beabsichtigtem weiteren Verlauf – variieren:
- „Wenn Sie die vielen Türen sehen, überlegen Sie einmal, welche dieser Türen Ihnen im Moment am ehesten entspricht."
- „Suchen Sie sich ein Bild aus, das Sie im Moment besonders anspricht."

- „Wählen Sie sich das Bild, das aus Ihrer Sicht unser Thema am besten zum Ausdruck bringt."
- „Nehmen Sie ein Bild, das etwas davon ausdrückt, was Sie zur Zeit beschäftigt."

Bilder kommentieren

Ein oder zwei Bilder werden der gesamten Gruppe gezeigt. Das Gespräch öffnet sich z.b. durch folgende Fragen:

- „Was löst das Bild beim Betrachten in mir aus?"
- „Was fällt mir auf?"
- „Was gefällt mir?"
- „Was stört mich?"

Belebend für das Gespräch wirkt es häufig, zwei thematisch kontrastierende Bilder zu betrachten, z.b. arm und reich, Krieg und Frieden, Vertrauen und Angst, Himmel und Erde ...

Bildergeschichten erfinden

Bilder können als Aufhänger für „Geschichten" dienen, d.h. die Szene, die das Bild zeigt, wird ausgemalt und weiterentwickelt. Mögliche Fragen lauten:

- „Was geht der dargestellten Situation wohl voraus?"
- „Was spielt sich hier unausgesprochen ab?"
- „Was fühlen oder denken die Personen?"
- „Wie geht es nun weiter?"

Worte aussuchen

Einen stärker rationalen, „kopfgesteuerten" Einstieg ermöglicht diese Methode der Assoziation, wenn sie sich auf Worte, auf Sprache bezieht. Passend zum Thema werden Zitate, Stichworte, Schlagzeilen oder Bibelverse bzw. Spruchkarten in der Mitte ausgelegt. Wieder wählt jede Teilnehmerin ein Wort, zu dem sie spontan Zugang hat.

c) Weiterführung

Die ausgewählten Bilder bzw. Texte werden nun von jeder Teilnehmerin vorgestellt und kurz erläutert (in der Kleingruppe oder auch im großen Kreis). Dabei sollten die Beiträge nicht bewertet oder kommentiert werden. Wenn es die weitere Erarbeitung des Themas vorantreibt, können einzelne Äußerungen, Ideen und Assoziationen für alle sichtbar festgehalten werden. Ob man dies will, sollte gut überlegt werden, da auch viel Unruhe und ein gewisser Druck entstehen können, „gute" Beiträge zu bringen, was die Offenheit des Einstiegsgesprächs beeinträchtigen kann.

d) Tipps

Wie kommt man zu geeigneten Fotos, Bildern oder Texten? Für jeden, der öfter mit Gruppen arbeitet, empfiehlt es sich, sich im Laufe der Zeit eine eigene Bildersammlung mit Fotos, Kalenderblättern, Zeitungsausschnitten, Memory-Karten, Werbemotiven usw. zusammenstellen und diese bei jeder Gelegenheit zu ergänzen. Eine wahre Fundgrube ist der Verlag Artcolor. Hier gibt es Postkarten im Satz zu 30 Stück unter verschiedenen Themen, z.b. Fenster, Türen, Frühling, Wasser, Naturwunder, Brücken, Boote, Bäume, Zu zweit, Leuchttürme u.a. Auch Karikaturen bieten oft einen guten Gesprächseinstieg.

Eine unter Stichworten geordnete und laufend ergänzte Zitatensammlung ist ebenfalls eine wertvolle Anlage für thematisches Arbeiten.

Vielfalt in der Auswahl des vorgegebenen Materials macht diese Form des Einstiegs spannend. Steile Thesen reizen zum Widerspruch und eröffnen so ein lebhaftes Gespräch. Durch die Auseinandersetzung mit extremen Standpunkten ist es manchmal leichter, die eigene Position zu formulieren.

1.2 Meinungsbild über Thesen und Behauptungen

a) Ziele

- ersten Kontakt zum Thema ermöglichen
- spontane Meinungsäußerung provozieren
- Meinungsbild der Gruppe „ablesen"
- Begründungen unterschiedlicher Meinungen erfahren
- Beteiligung aller durch geringe „Risikostufe" anregen
- Motivation wecken, sich mit dem Thema zu beschäftigen

b) Ablauf

Eine Behauptung oder These wird für alle sichtbar auf ein Plakat (Flipchart o.Ä.) geschrieben. Diese Aussage sollte ruhig provokant, überspitzt oder einseitig sein: z.b: Wer Ordnung hält, ist nur zu faul zum Suchen. Oder: Glauben ist die Projektion kindlicher Sehnsucht an den Himmel.

Unter dieser Behauptung wird eine Skala angedeutet mit den Polen „Stimmt voll und ganz" – „Stimmt absolut nicht".

Wir bitten die Teilnehmerinnen, ihre Meinung zu dieser Behauptung durch einen Punkt oder ein Kreuz auf der Skala zu markieren, und zwar möglichst spontan, ohne lange zu überlegen.

Wenn alle ihre „Positionsbestimmung" abgegeben haben, werden von den Teilnehmerinnen Begründungen genannt, warum sie ihr Kreuz so gesetzt haben.

Wer Ordnung hält, ist nur zu faul zum Suchen!

stimmt voll und ganz   stimmt absolut nicht

1.3 Einsatz von Biblischen Erzählfiguren

Die Biblischen Erzählfiguren nach Doris Egli ermöglichen einen
unkonventionellen Zugang zu biblischen Geschichten. Man kann
mit ihnen Geschichten szenisch nacherzählen oder einzelne Szenen
einer Geschichte stellen. Die Figuren können problemlos eigentlich
jede menschliche Körperhaltung nachbilden: sie können liegen,
laufen, stehen, die Hände vor das Gesicht nehmen, Lasten tragen,
stolpern, tanzen ... Durch ihre Haltung können sie Gefühle ausdrücken.

a) Ziele

* Identifikation mit dem dargestellten Geschehen bzw. einzelnen
  Figuren darin anregen
* sich über eigene Gefühle, Gedanken, Empfindungen klar werden
* einen eigenen Platz oder Standpunkt in der Geschichte suchen
  bzw. einnehmen

b) Ablauf

Biblische Erzählfiguren lassen sich methodisch vielfältig einsetzen.
Man kann etwa

* eine Szene aus einem biblischen Zusammenhang stellen und als
  Einstieg in das Gespräch über den Text nehmen
* eine Szene aus einem Text stellen und eine Meditation dazu lesen
* zuerst den Text lesen und dann die Szene gemeinsam stellen
* eine Geschichte aus der Erinnerung stellen und dann am Text
  überprüfen
* die biblische Geschichte nur zum Teil lesen und den Schluss fanta-
  sieren lassen und in Szene bringen
* die Teilnehmerinnen bitten, sich mit den Figuren zu identifizieren
  und in der Ich-Form zu reden
* eine gestellte Szene (zunächst ohne Bezug auf einen biblischen
  Text) deuten, etwa anhand folgender Fragen:
  - Wie stehen die Personen zueinander?
  - Wie fühlen sich die Beteiligten in der Situation?

- Wie könnte sich die Beziehung verändern? Was muss geschehen, damit sich z.B. Distanz in Nähe verwandelt?
- Wie könnte die nächste Szene aussehen?
- (In Gruppen mit biblischem Vorwissen auch: Um welche biblische Szene könnte es sich handeln?)

c) Tipps

Die Biblischen Erzählfiguren sind käuflich nur sehr schwer zu erwerben und kosten viel Geld. Sie werden in Kursen selbst hergestellt. Einige Gemeinden, religionspädagogische Bildungsstätten oder andere Bildungseinrichtungen bieten dazu Kurse an. Die Figuren lassen sich auch hervorragend in der Kinderarbeit, in Religionsunterricht, Jugendarbeit, Erwachsenenarbeit einsetzen. Gerne werden sie auch als Krippenfiguren verwendet.

Wo diese Figuren nicht vorhanden sind, kann man auch zu einem biblischen Text die *Landschaft gestalten* oder das *Umfeld andeuten*, in dem die Szene stattfindet. Das bietet sich z.b. dort an, wo ein Ort eine besondere Bedeutung hat (Wüste in der Versuchungsgeschichte, einsamer Weg beim barmherzigen Samariter, die Mauern von Jericho o.Ä.).

1.4 Spiele und Aktionen

Spielen ist zweckfrei. Zugleich kann es den Zusammenhalt einer Gruppe oder die Offenheit des Gesprächs untereinander erheblich fördern, wenn man miteinander unbeschwert lachen oder auch spielerisch gegeneinander kämpfen kann. Spiele in der Gruppe haben meist keinen direkten Bezug zum Thema, unterstützen aber dennoch die gruppendynamischen Prozesse und wirken vertrauensbildend.

a) Ziele

- Zusammengehörigkeitsgefühl und Beziehungen untereinander stärken
- Vertrauen innerhalb der Gruppe herstellen bzw. fördern („Wo man miteinander lacht, kann man auch miteinander weinen.")

- Spaß und Freude miteinander erleben
- thematische Arbeit spielerisch vorbereiten

b) Ablauf

Der hängt natürlich vom Spiel ab. Wichtig ist, dass die Spielregeln gut erklärt, evtl. noch einmal für alle aufgeschrieben werden. Zur Einbindung in die thematische Arbeit eignen sich besonders:

Tabu unter einem Thema (z.b. Rund ums Frausein)

Zur Vorbereitung des Spiels müssen Begriffe rund um das gewählte Thema auf Karteikärtchen geschrieben werden. Zu jedem Begriff notiert man wiederum jeweils fünf Begriffe, die den Oberbegriff näher beschreiben oder in das nähere Umfeld gehören, z.b. lässt sich der Oberbegriff „Wechseljahre" näher bestimmen durch die Unterbegriffe: Hitze, Hormone, Frauenarzt, Stimmung, Mitte.

Es werden 2 Gruppen gebildet. Die erste Spielerin der Gruppe I zieht Karten und muss nun während einer bestimmten Zeit die jeweiligen Oberbegriffe erklären, ohne allerdings. die ebenfalls dort genannten fünf Unterbegriffe zu verwenden. Die Mitspielerinnen ihrer Gruppen müssen den gesuchten Begriff erraten. Nach Ablauf der festgelegten Zeit (meist 1 Minute) gilt dasselbe Verfahren für die erste Spielerin aus Gruppe 2, dann für die zweite aus Gruppe 1, die zweite aus Gruppe 2 usw. Für jeden gefundenen Begriff erhält die Gruppe einen Punkt. Eine Gruppe, die sich schon gut kennt, kann sehr viel Spaß dabei haben. Versuchen Sie mal, das Wort Wechseljahre ohne den Begriff Hormone oder Hitzewallung zu erklären!!

Memory

Auch Memory-Karten gibt es blanco zu kaufen. Zum Einstieg in ein

Thema können Teilnehmerinnen Memory-Karten selbst gestalten. In Kleingruppen kann gespielt werden.

Gefüllte Kalbsbrust

Jede Teilnehmerin schreibt einen vorgegebenen (evtl. zum Thema des Abends passenden) Begriff senkrecht von oben nach unten und mit etwas Abstand noch einmal von unten nach oben. Damit sind jeweils die Anfangs- bzw. Endbuchstaben von neu zu findenden Wörtern markiert, die nun jede Teilnehmerin für sich finden muss. Will man die Sache anspruchsvoll machen, kann man vorgeben, dass auch die neu gefundenen Wörter zu einem bestimmten Themenumfeld passen müssen. Das Spiel endet, wenn die Erste für jedes Buchstabenpaar einen Begriff gefunden hat. Nun kann man die gefundenen Begriffe entweder vorlesen, oder, was spannender, aber auch zeitraubender ist, umschreiben und die anderen Teilnehmerinnen raten lassen, was gemeint ist.

Beispiel:

W	a s s e	R
U	r n	E
N	e i	D
D	a n k e	N
E	. . . .	U
R	. . . .	W

1.5 Brainstorming, Schreibgespräch, Assoziationsstern

Bei diesen Verfahren geht es einfach darum, zu einem vorgegebenen Thema, Begriff oder Bild alle spontanen Einfälle zu äußern und ggf. zu sammeln.

a) Ziele

- erste Beschäftigung mit dem Thema ermöglichen
- möglichst viele Aspekte wahrnehmen und nennen

- Beteiligung aller Teilnehmerinnen anregen
- Lösungsmöglichkeiten für die gestellte Problematik anbahnen

b) Ablauf

- Ein Begriff, eine Problemstellung oder eine Frage wird vorgegeben. Alle Teilnehmerinnen äußern nun spontan, was ihnen dazu einfällt (Brainstorming). Es sollte klar gestellt sein, dass es hier kein „Richtig" oder „Falsch" gibt. Jede kann sich äußern, frisch „von der Leber" weg; es geht nicht um gut formulierte Sätze, also nicht so sehr um Qualität, sondern vielmehr um Quantität. Kommentare oder Rückfragen sind in dieser Runde nicht erlaubt. Dabei gibt es die Möglichkeit, die genannten Ideen auf einem großen Papierbogen oder auf Einzelzetteln festzuhalten und mitzuschreiben.
- Das Ganze kann auch „stumm" ablaufen, indem man den Zentralbegriff auf einen großen Papierbogen schreibt und die Teilnehmerinnen ihre Einfälle dazu (und auch zu den Einfällen der anderen) auf dem Bogen notieren („Schreibgespräch").
- Stärker systematisiert wird dieses Verfahren im „Assoziationsstern". Ausgangsbegriff bzw. Thema werden gut leserlich auf einen großen Bogen Papier geschrieben und auf den Boden in die Mitte gelegt. Vorbereitete Papierstreifen bzw. Papier„strahlen" werden an die Teilnehmerinnen verteilt. Die „Gedankenblitze" werden in einem Stichwort darauf notiert und um das „Thema" herumgelegt. Es entsteht der „Assoziationsstern".

c) Weiterführung

Die Fülle der Gedankenblitze kann in die weitere Erarbeitung des Themas einfließen, sei es im Referat oder im Gespräch in der Kleingruppe. Manchmal sind sie sogar Voraussetzung für einen weiteren Arbeitsschritt. Es ist immer motivierend für die Teilnehmerinnen., wenn sie erleben, dass ihre Ideen zur weiteren Gestaltung beitragen und auch noch einmal vorkommen und nichts „unter den Tisch" fällt.

d) Tipps

Will man die Äußerungen aufschreiben, ist es gut, sich die Arbeit zu teilen: eine schreibt die Äußerungen in Stichworten auf, eine andere heftet sie für alle sichtbar, evtl. bereits nach thematischen Gruppen geordnet, an eine Tafel, Flipchart o.Ä.

1.6 Symbole

Unsere Sprache ist voll von Symbolen. Anders als rein rational-logische Diskurse besitzen Symbole eine eigene Kraft, Empfindungen, Gedanken und Gemüt, also den Menschen in seiner Ganzheit anzusprechen. In ihnen verdichtet sich eine universelle Menschheitserfahrung; ein abstrakter Sachverhalt oder Begriff wird anschaulich vor Augen geführt. Karin Johne schreibt: „Bildhafte Sprache ist verständliche Sprache. Geistige, unanschauliche Wirklichkeiten kann man im Bild ausdrücken. Dieses Bild ruft im anderen Menschen die Erinnerung an eigene, ähnliche Erfahrungen hervor. Auf diese Weise versteht man sich."[1] Ein Beispiel: Liegt eine schwere Aufgabe vor uns, dann sagen wir: „Das steht wie ein Berg vor mir." Hier wird „Berg" zum Symbol, in dem das Wesen solcher Aufgaben ins Bild gebracht und somit anschaulich wird. Zu diesen Bildern haben wir einen unmittelbaren Zugang. Sie sprechen uns an, weil sie Erfahrungen, die wir gemacht haben, „entsprechen". Symbole laden uns ein zu einem besonderen Gespräch mit der Wirklichkeit, der Wirklichkeit der Welt, unseres Lebens und der Wirklichkeit Gottes.

a) Ziele

- bildhaftes, anschauliches Denken anregen
- Empfindungen wahrnehmen und zum Ausdruck bringen, die ein Symbol in uns auslöst
- eigene Lebenserfahrungen formulieren
- Bilder für abstrakte Begriffe entdecken
- den Reichtum der Bilder in der Sprache entdecken

[1] Karin Johne, *Wege zum Wesentlichen*, Herder, Freiburg 1992, S. 36.

b) Ablauf

Den Ablauf der „Symbolmeditation" möchte ich an einem Beispiel verdeutlichen, am Beispiel des Rades. Die genannten Schritte kann man aber auch mit jedem anderen gewählten Symbol gehen.

In der Mitte des Raumes liegt ein großes altes Wagenrad.

Schritt 1: Wir nehmen das Symbol wahr: sehen, anschauen, die Gestalt beschreiben und entdecken.
- „Was sehen Sie?"
- „Was fällt auf an der Form?"
- „Welche Bestandteile bilden das Ganze?"
- „Welche Funktion erfüllen die einzelnen Teile?"
- ...

Schritt 2: Wir befragen das Symbol. Im Gespräch mit dem Symbol kommen wir zugleich in Kontakt mit uns selbst:
- „Welche Wege liegen hinter dir?"
- „War es auch manchmal mühsam und anstrengend?"
- „Erzähl von den schönen Wegstrecken – den Bergen, den Tälern ...!"
- „Hast du auch Bruchstellen?"
- „Wie ging es deinen Mit-Rädern?"
- „Bist du jetzt ein Museumsstück?"
- „Wirst du noch gebraucht?"

Schritt 3: Steigen wir noch tiefer ins „Gespräch" ein, dann beginnt eine Identifikation, wir schlüpfen in die Rolle des Rads und treten ein in einen inneren Dialog:
„Welche Wege liegen hinter mir?"
„Werde ich eigentlich noch gebraucht? Oder bin ich ein Ausstellungsstück?"
„Ich bin irgendwie aus der Bahn geraten. Da stimmt was nicht."
„Ich fühle mich so gerädert, ob das an den vielen Runden liegt, die ich drehen musste? Ich sollte eine Pause einlegen."
„Mein Leben ist aus der Spur geraten. Woran liegt das?"

c) Tipps

Es ist faszinierend, wie bildreich unsere Sprache ist. Hat man erst einen Blick dafür bekommen, dann entdeckt man eine Fülle von Bildern und Symbolen. Das gilt besonders für die Sprache der Bibel. Die Gleichnisse im Neuen Testament sind eine wahre Fundgrube – ein Bilderbuch christlicher Botschaft. Jesus vergleicht das Himmelreich u.a.

- mit einem Kaufmann, der eine Perle kaufen wollte (Matthäus 13,45.46)
- mit einem Schatz im Acker (Matthäus 13,44)
- mit einem Samenkorn (Matthäus 13,31-33)
- mit einem Gutsverwalter, der eine merkwürdige Lohnpolitik betreibt (Matthäus 20,1-16)
- mit einem Sämann, der seinen Acker bestellt (Markus 4,1-20)
- mit einem Vater, der einen „schwierigen" Sohn nicht aufgibt (Lukas 15,11-32)
- mit einem Festmahl (Lukas 14,15-24)
- und vielen anderen Bildern.

Jesus spricht auch von sich selbst und seinem Auftrag in Bildern: Ich bin, sagt er,

- der Weg (Johannes 14,6)
- das Licht der Welt (Johannes 8,12)
- der Weinstock (Johannes 15,5)
- der gute Hirte (Johannes 10,11)
- das Brot des Lebens (Johannes 6,35).

„Seelenlandschaften" gestalten

Auch Landschaftsformen, Räume und Tageszeiten können Symbolcharakter bekommen und auf die innere Wirklichkeit von Personen hindeuten. Nikodemus kommt z.B. bei Nacht zu Jesus, im Verborgenen, ungesehen und unerkannt. Bestimmte Glaubens- und Lebenserfahrungen schildert die Bibel in typischen Landschaftsformen, fast so, als drücke sich in der Landschaft etwas von dem aus, was sich innerlich im Menschen, in seiner Beziehung zu Gott vollzieht.

Wüste: Ort des Rückzugs, der Stille, Vorbereitung, des Gebets, der Neuorientierung, der Trauer, der Depression
Höhle: Versteck, Rückzug, Schutzraum
Berg: Höhenerfahrungen, besondere Offenbarungen, Gebet
Wasser: Prüfung, Chaos, Stille, Krise; aber auch neues Leben, Taufe, Neuanfang
Weg: Lebensweg, Entscheidungssituationen, Durststrecken im Leben, Frage nach der Zielrichtung
Fluss: Grenze, Neuanfang, Wendepunkt

Diese „symbolischen" Orte oder Zeiten können wir durch eine entsprechende Raumgestaltung bewusst machen. Zum einen hilft dies dazu, in das Thema hineinzufinden, zum anderen macht es den Raum ansprechend und trägt zu einer angenehmen Atmosphäre bei.
Wüste: ein Eimer Sand, einige Wurzeln, Steine, trockene Äste
Meer und Strand: blaues Tuch, Sand, Muscheln
Arbeitsplatz der Fischer: blaues Tuch, Netze, Boot
Höhle: Wurzel, Äste, Moos
Weg: Seil, rotes Seil – der rote Faden durchs Leben
Nacht: schwarzes Tuch
Sternenhimmel: dunkelblaues Tuch mit Goldsternen
Licht: Kerzen
Ihrer Phantasie sind hier keine Grenzen gesetzt.

1.7 Wortmetaphern / Sprichwörter

a) Ziele

- niedrige Einstiegshürde für das Gespräch schaffen
- abstraktes Thema veranschaulichen
- Lebenserfahrung reflektieren
- Gelegenheit zur Mitteilung von Persönlichem schaffen

b) Ablauf

Die Metaphernmeditation geht den umgekehrten Weg wie die

Symbolmeditation: vom Begriff, vom Abstrakten, vom Allgemeinen her suchen wir nach passenden Bildern, Metaphern, die die gemeinte Erfahrung bildhaft, sinnenhaft beschreiben. Ein Beispiel: Das Thema des Abends lautet: Krise als Chance.

Gesprächsimpuls:
Eine Krise für mich ist wie … / In der Krise fühle ich mich wie …

Im Gespräch kommt eine ganze „Bildergalerie" zusammen, die ggf. für alle sichtbar festgehalten wird: Eine Krise ist für mich wie …
- eine Nuss, die ich zu knacken habe
- ein langer Tunnel ohne Licht
- ein Fass ohne Boden
- ein Sturz in einen Brunnen
- ein Weg durch eine Wüste
- Ich fühle mich wie eine leere Batterie.
- Ich fühle mich wie ein Stück Treibholz.
- Der Boden unter den Füßen ist wie weggezogen.
- …

Ähnlich kann man verfahren, indem man *Sprichwörter* rund um ein bestimmtes Thema sammelt. In ihnen sind Lebenserfahrungen komprimiert und auf einen Punkt gebracht. Nicht wenige Sprichwörter sind übrigens ursprünglich Bibelworte!
Sprichwörter zu einem bestimmten Thema können auch vorgegeben werden.

Gesprächsimpulse dazu:
- Wie ist es wohl zu diesem Sprichwort gekommen?
- Welche Lebenserfahrung steckt dahinter?
- Hat der Satz heute noch allgemeine Gültigkeit? Ist er überholt und sollte abgeschafft werden? Aus welchen Gründen?

c) Tipps

Hier eine kleine Sprichwörtersammlung:
- Wer anderen eine Grube gräbt, fällt selbst hinein.

- Morgenstund hat Gold im Mund.
- Man soll die Perlen nicht vor die Säue werfen.
- Man soll den Tag nicht vor dem Abend loben.
- Was Hänschen nicht lernt, lernt Hans nimmermehr.
- Man soll die Kirche im Dorf lassen.
- Es wird nichts so heiß gegessen, wie es gekocht wird.

Eine Fundgrube für Sprichwörtliches bieten die folgenden Bücher:
Lutz Röhrich (Hg.), *Lexikon der sprichwörtlichen Redensarten*,
5 Bde., Freiburg, Herder 1991/1994.
Elke Gerr, *4000 Sprichwörter und Zitate: Für jeden Anlass die passenden Worte*. Langenscheidt 2001.
Biblische Redensarten und Sprichwörter: 3000 Fundstellen aus der Lutherbibel. Ges. u. erl. v. Heinz Schäfer. Stuttgart, Deutsche Bibelgesellschaft, 1998.
Und nicht zuletzt: *Die Sammlung der Sprüche* im Alten Testament.

2. Methoden zur Erarbeitung des Themas

2.1 Impulsreferat

a) Ziele

- Informationen und Sachkenntnisse vermitteln
- ein Thema überblicksartig erschließen
- Gedankenanstöße für die eigene Reflexion bieten

b) Ablauf

Ein Referat in seiner klassischen Form (Eine spricht und die anderen hören zu) birgt die Gefahr, dass Inhalte über die Köpfe der Hörenden hinweg vorgetragen werden. In einem Gesprächskreis liegt der Schwerpunkt ohnehin auf dem Gespräch; deswegen schlage ich ergänzend dazu an verschiedenen Stellen Impulsreferate vor. Sie sollen nur einen gedanklichen Impuls für das Gespräch geben. In den folgenden Themenvorschlägen sind die Impulsreferate jeweils nur knapp umrissen. Evtl. müssen sie von Fall zu Fall vertieft werden. Allgemein gilt aber: Das Impulsreferat muss klar und übersichtlich strukturiert sein. Unterpunkte sollen klar benannt werden. Besonders wichtig ist eine prägnante und verständliche Sprache (keine religiöse Insidersprache, Fremdwörter vermeiden, Fachbegriffe erklären).

c) Weiterführung

Ein Impulsreferat kann am Anfang eines Themenabends als Einführung ins Thema dienen. Es kann – später – einzelne Aspekte eines Themas vertiefen oder von einem schon behandelten Gegenstand aus den Blick noch einmal auf verwandte Erfahrungen lenken. Anschließend können sich „Arbeitsaufträge", etwa Fragen für eine Einzelarbeit oder Fragen für eine Kleingruppe. Führt das Impulsreferat direkt in ein Gruppengespräch, kann dies anhand folgender Gesprächsimpulse geschehen:

- Wie verhält sich das Gesagte zu meinen eigenen Erfahrungen?
- Was war mir neu?
- Was hat mir eingeleuchtet?
- Was möchte ich noch genauer besprochen haben?
- Wo stellen sich mir Fragen?
- Was nehme ich mit für mein Leben im Alltag?

d) Tipps

In einem Frauengesprächskreis wird die Leiterin selbst nicht allzu oft in der Situation sein, Vorträge oder Referate zu halten. Eher kommt es dazu, dass eine Referentin eingeladen wird. Die Vorbereitung mit einem Referenten sollte dabei nicht unterschätzt werden und sich nicht nur auf Themen- und Terminabsprache beschränken. Ein möglichst ausführliches Vorgespräch zur Situation der Gruppe, Vorerfahrungen der Gruppe mit dem Thema, konkrete Fragen aus der Gruppe (soweit bekannt), evtl. Vorschläge zur Weiterarbeit (bei einem

nächsten Treffen) und Fragen oder Gesprächsimpulse für die Teilnehmerinnen sollten bedacht werden.

2.2 Kleingruppe

a) Ziel

- Möglichkeit schaffen, dass sich alle beteiligen können
- Vertrauen untereinander stärken; Redehemmungen abbauen
- ein Thema vertiefen
- Raum zu persönlicher Mitteilung und Reflexion schaffen

b) Ablauf

Es gibt unterschiedliche Möglichkeiten zur Bildung von Kleingruppen. Die Leiterin sollte vorher genau überlegen, ob sie eine Zufalls-
gruppe, eine Interessengruppe oder eine zugeteilte Gruppenarbeit
anbieten will. Je nach Thema oder Gruppe kann die Entscheidung
unterschiedlich ausfallen.

Hier einige Ideen, um Gruppen zu bilden: Eine Gruppe besteht aus
- allen Frauen, die im Winter, die im Frühling (Sommer, Herbst ...)
  Geburtstag haben
- allen Teilnehmerinnen mit blonden / dunklen / langen / kurzen ...
  Haaren
- allen, die im Urlaub gern an die See / in die Berge / aufs Land / auf
  große Städtetour fahren ...
- So viele alte Kalenderblätter, wie es Gruppen geben soll, werden in
  Stücke gerissen; die Teile werden gemischt. Jede Teilnehmerin
  bekommt ein Fragment, die Gruppen müssen sich finden und ihr
  Bild zusammensetzen.
- Die Anfangszeilen so vieler bekannter Lieder (Alle meine Entchen,
  Hänschen klein, Stille Nacht ...), wie es Gruppen geben soll,
  werden auf Zettel geschrieben, jede Teilnehmerin erhält einen
  Zettel. Nun summt jede das gezogene Lied und durch Hören
  findet man seine Partnerinnen.

- Die Teilnehmerinnen entscheiden nach Interesse, in welche Gruppe sie gehen möchten.
- Sprichwörter oder Bibelverse werden jeweils zur Hälfte auf Zettel geschrieben, jede Teilnehmerin zieht einen und muss nun die Partnerin finden, die die Ergänzung gezogen hat (Zweiergruppe).
- Memorykarten sind ideal, um Paargruppen zu bilden.

c) Weiterführung

Die Kleingruppe (mit bis zu vier Teilnehmerinnen) bietet den idealen Rahmen für Gespräche, die auch schon mal persönlich werden können. Hier können Themen vertieft werden; es ist aber auch möglich, aus dem eigenen Leben etwas zu erzählen, was man nicht unbedingt in einem größeren Kreis von Menschen mitteilt.

Oftmals wird man mit dem freien Austausch in der Kleingruppe ohne jede Vorgabe arbeiten. Aber es gibt auch die Möglichkeit, das Gespräch vorzustrukturieren, etwa durch einen Fragenkatalog oder ein Lösungsschema. Das hat den Vorteil, dass Gespräche nicht abschweifen, sondern sich am Thema orientieren. Am Ende einer Kleingruppenarbeit steht dann auch meistens ein Ergebnis, das für die Weiterarbeit in der Großgruppe genutzt werden kann.

d) Tipps

Kurze Gespräche zu dritt mit direkten Sitz-Nachbarinnen beleben einen Gesprächskreis sehr und lassen sich schnell einschieben. Zweiergespräche können unter Umständen eine zu große Nähe bedeuten, gerade wenn die Teilnehmerinnen sich fremd sind.

2.3 Arbeit mit Texten

a) Ziele

- Textaussagen detailliert erschließen
- Vertiefung eines Themas oder Themenaspektes anregen

- zur Stellungnahme gegenüber der Textaussage ermuntern
- Meinungsbildungsprozesse anregen

b) Ablauf

Wie eine Arbeit an einem konkreten Text genau aussieht, wird maßgeblich von der Art des Textes und seinem Stellenwert innerhalb des Gesamtthemas bestimmt. Kürzere Texte sollten auf jeden Fall als Kopie jeder Teilnehmerin vorliegen. Längere Texte (z.b. Märchen) können auch vorgelesen werden. Arbeitet man mit Bibeltexten, sollte jede Teilnehmerin über eine Bibelausgabe verfügen. Will man einen Text anhand von Fragen erschließen, müssen diese geschickt formuliert sein. Fragen sollen Impulse zum Gespräch, zum Meinungsaustausch bieten und nicht wie eine Hausaufgabe abgearbeitet werden. Als Gesprächsimpulse eignen sich vor allem „offene" Fragen. Zielen Sie nicht auf eine „richtige" Antwort (damit können Sie auch „falsche" Antworten provozieren und schon ist die Redebereitschaft der Angst gewichen, sich zu blamieren). Offene Fragen zielen auf eine Meinungsäußerung, auf persönliche Reaktionen oder Assoziationen. Gesprächsfördernde Fragen etwa zu einem biblischen Text wären z.B.:

- Welche Gefühle weckt dieser Text in mir?
- Wenn ich dem Verfasser dieses Textes direkt begegnen könnte, welche Frage würde ich ihm stellen? Oder: Was würde ich ihm gern sagen?
- Was in diesem Text erstaunt / überzeugt / betrifft / irritiert / ärgert / überrascht / beeindruckt ... mich am meisten? Warum?
- Meine spontane Reaktion beim Lesen dieses Textes war ...
- Wenn Sie den Verlauf der Geschichte ändern könnten, was würden Sie ändern? Warum?
- Verändert die Aussage des Textes Ihre Einstellung zu ... (Thema des Abends)?
- Welche Absicht, glauben Sie, verfolgt der Verfasser dieses Textes mit dem, was er schreibt?
- Unter welcher Überschrift würden Sie diesen Text abspeichern?

c) Weiterführung '

An eine Phase der Texterschließung im Gespräch können sich unterschiedliche Arbeitsformen anschließen: die Gruppe (oder einzelne Teilnehmerinnen) verfasst einen Kurzbrief an den Autor, ein eigener (kontrastierender) Text kann geschrieben werden, Einzelaspekte der Textaussage können kreativ umgesetzt werden, es gibt einen Austausch in der Gruppe unter der Fragestellung: Was nehme ich aus diesem Treffen mit?

d) Tipps

Investieren Sie viel Mühe in die Formulierung der Gesprächsimpulse. Das zahlt sich in jedem Fall aus. Schlecht gestellte Fragen können ein Gespräch abwürgen, gute Impulse machen den Abend für alle zu einem Gewinn.

2.4 Einzelarbeit

a) Ziele

- persönliche Auseinandersetzung mit dem Thema ermöglichen
- in die Stille finden
- sich eigene Standpunkte bewusst machen
- eine vertiefende Reflexion anregen
- Gelegenheit für kreative Umsetzung eines Themas schaffen

b) Ablauf

Die Einzelarbeit bietet sich immer dort an, wo ein Thema zu einer meditativen Aneignung herausfordert oder persönliche Implikationen hat, die in einem Gruppengespräch eher zerredet als vertieft würden. Aber manche Frauen tun sich schwer mit dieser Form. Man braucht Zeit, die Gedanken zu ordnen und sich auf Wesentliches zu konzentrieren. Um überhaupt zur Ruhe zu kommen, hilft manchmal leise Musik oder eine Meditation.

Es ist meist geraten, Hilfen für die Strukturierung dieser Zeit anzu-
bieten: ein Bild, eine Meditation, gezielte Reflexionsfragen oder auch
kreative Aufträge.

c) Weiterführung

Je nach Gruppe und Thema kann man an die Einzelarbeit einen
Austausch über die Entdeckungen und Erfahrungen der einzelnen
Teilnehmerinnen in der Einzelarbeitsphase anschließen.

2.5 Stationen eines Themas

a) Ziele

- verschiedene Schwerpunkte eines Themas anschaulich machen
- Bewegung in (anfangs zumeist unbewegliche) Gruppen bringen
- Identifikation mit einem bestimmten Aspekt ermöglichen
- Hilfen zur Bestimmung eigener Standpunkte bzw. Anregungen zu
  einer Veränderung von Standpunkten anbieten

b) Ablauf

Der Grundgedanke dieser Methode ist der, ein Thema anhand von
verschiedenen Stationen konkret im Raum darzustellen. Das Thema:
„Reif für die Insel" kann z.B. umgesetzt werden, indem dazu folgende
Stationen im Raum gebaut werden: Insel der Harmonie, Insel der
Sorglosigkeit, Insel der Entspannung. Diese Stationen können dann
von den Teilnehmerinnen nach und nach abgeschritten werden. An
den Stationen (Inseln) liegen gezielte Fragen auf Zetteln, Impulse zum
Gespräch. Die Vorbereitung erfordert Phantasie, Raum und auch
Zeit. Jede Station sollte gut zugänglich sein und Platz für mehrere
Teilnehmerinnen bieten. Sie sollte auch so einladend sein, dass spon-
tane Gespräche nicht behindert werden.
Durch diese Methode kommt ganz von selbst Bewegung in die
Gruppe. Alle stehen auf und verlassen ihre Plätze. An den Stationen
„arbeiten" sie sich im Thema voran. (Konkreteres zu dieser Methode
finden Sie in Teil II, „Reif für die Insel".)

2.6 Erfahrungsaustausch

a) Ziele

- alle Teilnehmerinnen beteiligen, einbeziehen
- bereits gemachte Erfahrungen „erinnern" und in ihrem Wert bewusst machen
- Vorwissen „heben"
- sich persönlich einbringen
- sich gegenseitig bei der Lebensbewältigung unterstützen

b) Ablauf

Einen Erfahrungsaustausch kann man ganz schlicht mit einem Gesprächsimpuls und daran anschließendem Meinungsaustausch erreichen. Will man einen möglichst repräsentativen Überblick über die in einer Gruppe bestehenden Vorerfahrungen zu einem Thema erhalten, bietet sich folgende Methode an:

Wir brauchen möglichst viele Papierkarten (ca. DIN A6), evtl. mit einer Gestaltung, die zum Thema passt: Geht es z.b. um die Frage: Welche Schritte muss ich nun gehen?, dann schneiden wir Fußspuren aus Papier und verteilen diese zur Beschriftung.

Stifte sollten genügend vorhanden sein.

Den Impuls für den Erfahrungsaustausch formulieren wir möglichst klar und präzise, schreiben ihn auf ein Plakat/Tafel/Flipchart, oder legen ihn für alle sichtbar in die Mitte. Ein solcher Impuls ist natürlich themenabhängig. Z.B. könnte er lauten:

- Worin finde ich Halt?
- Was sind meine „Ankerplätze"?
- Was verleiht mir „Flügel"?
- Was ist der „Schlüssel" zum Glück?

Die Teilnehmerinnen haben nun Gelegenheit, auf den Karten ihre Beiträge zu notieren (ein Begriff pro Karte). Nach einigen Minuten werden die Beiträge gesammelt, indem jede Teilnehmerin ihre Karte(n) vorstellt bzw. kurz erläutert. Die Karten werden für alle sichtbar angebracht und dabei – oder in einem anschließenden

Arbeitsschritt – auf übergeordnete Kriterien hin untersucht und geordnet (Gemeinsamkeiten, ähnliche Aussagen, thematische Zusammenhänge ...). In einem nächsten Schritt können für einzelne Untergruppen Überschriften gesucht werden.

c) Weiterführung

Mit dieser Übersicht können wir ein Thema in verschiedene Aspekte und Themenschwerpunkte aufgliedern. Häufungen von Beiträgen sagen u.U. etwas darüber aus, wo das größte Interesse in der Gruppe liegt. Im weiteren Verlauf können Impulsreferat oder auch Arbeitsgruppen zu unterschiedlichen Themenschwerpunkten folgen.

2.7 Lösungsideen

a) Ziele

- Bereitschaft der Teilnehmerinnen wecken, eine Lösung mitzugestalten
- eigene Ideen entwickeln und evtl. neue Erfahrungen mit dem eigenen „Erfindungsreichtum" machen
- Perspektiven für den Alltag finden
- konkrete Schritte und Handlungsalternativen erkennen
- Lösungen für eine bestimmte Problemstellung finden

b) Ablauf

Dieses Verfahren wird meist zum Abschluss eines Themas eingesetzt, wenn es darum geht, den „Ertrag" eines Treffens für die Teilnehmerinnen festzuhalten. Ein Problem, das die Teilnehmerinnen für sich lösen möchten, wird formuliert: Beim Thema „Gaben und Grenzen" lautet die Problemformulierung etwa: „Wie kann ich mehr aus meinen Gaben machen?"
Anstatt nun darauf eine Pauschalantwort zu geben, versuchen wir, Zusatzfragen zu formulieren, die das Thema noch mehr differenzieren oder enger fassen. Alle Fragenbereiche schreiben wir auf ein oder

mehrere große Plakat(e). Anschließend können die Teilnehmerinnen in Kleingruppen an der Beantwortung der Fragen arbeiten.

„Wie kann ich mehr aus meinen Gaben machen?"

a) Wie finde ich meine Gaben heraus? Was tue ich gern?	b) Was brauche ich, um meine Gaben einsetzen zu können?
c) Was muss ich an meiner Haltung ändern, um Gaben besser einsetzen zu können ?	d) Was liegt mir am Herzen? Welche „unentwickelten" Gaben könnten sich darin zeigen?

c) Weiterführung

Wenn eine Gruppe sich bereits gut kennt und wenn Vertrauen entstanden ist, können die Teilnehmerinnen im Anschluss an eine solche Problemlösung konkrete Schritte formulieren, die sie bis zum nächsten Treffen umsetzen wollen. Bei einem späteren Treffen kann dann „Bilanz" gezogen werden: „Was habe ich erreicht? Oder noch nicht erreicht?" Wenn die Teilnehmerinnen so voneinander wissen, ist es leichter, sich zwischendurch gegenseitig Mut zu machen oder einfach mal nach dem Stand der Dinge zu erkundigen.

3. Methoden für den Abschluss

3.1 Zettelprotokoll

a) Ziele

- Ergebnisse einer Gesprächsrunde mitteilen und sichern
- persönliche Anregungen zum Thema feststellen
- konstruktive Kritik sach- und prozessgemäß anbringen

b) Ablauf

Es ist immer sinnvoll, die Ergebnisse eines gemeinsam erarbeiteten Themas für die Teilnehmerinnen festzuhalten. Wichtig ist dabei, sich vorher darüber im Klaren zu sein, wo der Schwerpunkt dieser Ergebnisphase liegen soll:

- Soll es eine persönliche Reflexion des Abends sein, die jeder für sich allein haben kann, oder sollte es eine Auswertung der ganzen Gruppe sein?
- Will ich die Abschlussrunde ganz offen halten und nicht durch enge Fragestellung begrenzen?
- Ist es eine Frage nach den Inhalten, mit denen sich die Teilnehmerinnen im Laufe des Abends auseinander gesetzt haben?
- Zielt die Abschlussfrage mehr auf das „Miteinander" – die Beziehung der Teilnehmerinnen untereinander?
- Möchte ich als Leiterin ein Feedback?
- Möchte ich hören, was verändert werden könnte?

Die Teilnehmerinnen bekommen genügend Zettel und Stifte. Die ausgewählten Auswertungsfragen bzw. Satzanfänge, die von den Teilnehmerinnen vervollständigt werden sollten, schreiben wir gut leserlich auf ein großes Plakat und erläutern sie noch einmal. Die Teilnehmerinnen haben nun Zeit für sich allein, die Frage zu beantworten. Dabei können sie für jeden Gedanken einen Zettel ausfüllen (kurz, knapp und in Stichworten).

Offene Fragen
- Und das erzähl ich zu Hause ...
- Wenn ich nicht gekommen wäre, hätte ich verpasst ...

Inhaltsbezogene Fragen
- Was möchte ich für mich persönlich mit nach Hause nehmen?
- Mit diesen Inhalten stimme ich überein ...
- Dazu möchte ich noch mehr Informationen ...
- An dieser Stelle habe ich noch Gesprächsbedarf ...
- Da denke ich ganz anders ...
- Der heutige Abend hat für mich die Konsequenz, dass ...

Beziehungsorientierte Fragen
- Das Miteinander in den Gesprächen habe ich erlebt als ...
- Gespräche wie heute sind wie ...
- In den Gesprächsgruppen hat mich besonders gefreut, dass ...
- Gestört hat mich in den Gesprächsgruppen, dass ...

Feedback für die Leitung
- Die Vermittlung des Themas ist gelungen/nicht gelungen, weil ...
- Methoden und Inhalte waren aus meiner Sicht dem Thema angemessen/nicht angemessen. Begründung:
- Das sollte beim nächsten Abend unbedingt mit einfließen ...
- Besonders gut hat mir heute gefallen, dass ...

c) Weiterführung

Je nach Zielsetzung wird die Leitung entscheiden, ob die Ergebnisse noch einmal in der Runde besprochen werden, jede Teilnehmerin die Zettel als persönliche Erinnerung mit nach Hause nimmt oder anonym zurücklässt („Briefkasten" in die Mitte stellen). Sind die Ergebnisse für die Gruppe gedacht, sollten sie gut lesbar auf einem Plakat aufgeklebt oder an einer Pinnwand angepinnt werden. Jede Teilnehmerin hat hier noch einmal die Möglichkeit, ihre Beiträge zu nennen und ggf. einige Worte dazu zu sagen.

Ist eine persönliche Auswertung für die Teilnehmerinnen beabsichtigt, dienen die Notizen für jede Teilnehmerin als „häusliche Gedächtnisstütze" – für die Pinnwand zu Hause.

3.2 Brief

a) Ziele

- persönliche Umsetzung des Themas oder einzelner Aspekte unterstützen
- Anregung geben, Gefühle auszudrücken, Kummer von der Seele zu schreiben, Vorsätze zu fassen
- persönliche Ziele stecken
- zum „Dranbleiben" an gefassten Vorsätzen motivieren

b) Ablauf

Wer bekommt nicht gerne persönliche Briefe? Hier haben die Teilnehmerinnen die Gelegenheit, sich selbst einen Brief zu schreiben. Verteilen Sie Briefbögen, frankierte Umschläge und Stifte.

Anlass zu dem Brief ist das Thema des Abends. Die Teilnehmerinnen sollten sich überlegen, was sie in Bezug auf das Thema in der nächsten Zeit in ihrem Alltag verändern möchten, welche konkreten Schritte sie dazu unternehmen wollen und wie sie sich ihr Leben vorstellen, wenn sie die Anregung dieses Abends für sich umsetzen.

Planen Sie für diese Methode genügend Zeit ein. Diese Aufgabe ist nicht leicht, erfordert ehrliche Auseinandersetzung mit den eigenen Bedürfnissen, Wünschen, aber auch Blockaden und Problemen.

Wenn jede Teilnehmerin ihren Brief geschrieben hat, werden die Briefe eingesammelt. Die Leiterin versichert (und sorgt dafür!), dass jede Teilnehmerin ihren Brief nach etwa drei Monaten zugeschickt bekommt.

3.3 Gebet

a) Ziele

- Gemeinschaft mit Gott und untereinander konkret leben
- sich gemeinsam vor Gott sammeln
- füreinander einstehen und einander im Gebet tragen

- Dankbarkeit ausdrücken
- persönliche Anliegen, Probleme und offene Fragen in die Fürbitte aufnehmen und bei Gott „abgeben"

b) Ablauf

Ein Gebet ist ein Gespräch mit Gott; Ausdruck einer Beziehung. Ob ein gemeinsames freies Gebet in der Gruppe möglich ist, hängt natürlich von der Bereitschaft der Teilnehmerinnen ab. Seien Sie sensibel, niemandem etwas überzustülpen, und vermitteln Sie, dass jede die Freiheit hat, auch im Stillen zu beten oder einfach nur zuzuhören – gerade wenn Sie mit Gruppen arbeiten, die keine feste kirchliche Tradition haben. Wo ein freies Gebet für Teilnehmerinnen schwierig ist, kann die Leiterin das Gebet für alle übernehmen – frei formuliert oder mit vorgegebenen Texten.

- *Vorformuliertes Gebet*
Es gibt eine ganze Reihe schön formulierter Gebete. Gehen Sie selber auf die Suche nach Gebetsbüchern! Wenn uns die Worte fehlen, dann ist es schön zu entdecken, dass andere Christen Worte gefunden haben für das, was uns auf dem Herzen liegt. Warum nicht das Gebet anderer zum eigenen machen?

- *Situationsbezogenes freies Gebet*
Nach einem anregenden Gespräch können die Teilnehmerinnen Gebetsanliegen, die sich aus der thematischen Erarbeitung ergeben haben, sammeln. Zunächst unter dem Aspekt: Das gibt mir Grund zur Dankbarkeit ... Dann unter dem Aspekt: Dafür sollten wir Fürbitte tun ... Stellvertretend für alle kann die Leiterin diese Anliegen im Gebet vor Gott bringen, wenn es den Teilnehmerinnen schwer fällt, selbst frei zu beten.

- *Bienenkorbbeten*
Das ist Beten in kleinen Gruppen von 3 bis 5 Personen zu gleicher Zeit innerhalb desselben Raumes. Während der Gebetsgemeinschaft entsteht durch die Gleichzeitigkeit ein gewisses Murmeln und Summen der Stimmen, daher das Wort Bienenkorbbeten.

Teil II:
Ausgeführte Themenentwürfe

1. Plaudern aus dem Nähkästchen –
Wir erzählen aus unserem Leben

Dieser Themenvorschlag ist gedacht als Abend zum Kennenlernen, der am Anfang eines neuen Frauenkreises oder zu Beginn einer Freizeit stattfinden könnte. Das Bild vom Nähkästchen und den einzelnen Dingen darin soll helfen, dass schon in der oft schwierigen Anfangsphase nicht nur Namen, Familienstand und evtl. Kinderzahl ausgetauscht werden. Dennoch bietet es genug Möglichkeiten, nur einen Punkt meiner Person auch preiszugeben, so dass niemand sich überfahren fühlen muss.

Ziele

* Raum geben, sich kennen zu lernen
* Episoden oder Typisches aus dem eigenen Leben mitteilen
* Gemeinschaft erleben

Vorbereitung

* Ein alter Nähkasten, gefüllt mit verschiedenen Stoff- und Wollresten, Nadeln, Garn, Knöpfen und weiteren Handarbeitsutensilien.
* Evtl. Programmzettel für die nächsten Abende und ein Infoblatt Ihrer Gemeinde.
* Ggf. „Pelzchen" oder etwas, das dafür stehen kann (vgl. u. „Abschluss").
* Vielleicht sorgen Sie für diesen Abend auch für Gemütlichkeit, indem Tee und Gebäck oder andere Knabbereien bereitstehen.

Verlaufsskizze

1. Einleitung
Vorstellung, Begrüßung, Informationen   ca. 10 min.

2. Hauptteil
Ausführliche Kennenlernrunde   ca. 45 min.

3. Abschluss
Vorlesen: Die kleinen Leute von Swabeedo   20 min.
Austausch von „Streicheleinheiten"   10 min.

Durchführung

1. Einleitung

Die Leiterin stellt sich selbst, die Gemeinde bzw. das Anliegen und Thema der Freizeit kurz vor und begrüßt alle herzlich.

2. Erarbeitung

Material: Nähkästchen mit Utensilien
In der Mitte des Kreises wird ein großer Nähkasten geöffnet und der Inhalt wird – exemplarisch – vorgestellt. Ist die Gruppe sehr groß, empfiehlt es sich, die Einzelteile um den Korb herum zu verteilen, das erleichtert den „Zugriff". Jede Teilnehmerin wird nun eingeladen, sich ein Teil aus dem Nähkästchen auszuwählen, von dem sie sagt: „Dazu könnte ich etwas aus meinem Leben erzählen." Nachdem alle sich etwas ausgesucht haben, werden alle gebeten zu erzählen.

3. Abschluss

Material: Geschichte „Die kleinen Leute von Swabeedo"
Die Geschichte wird vorgelesen.

Ggf.: Aktion „Pelzchen verteilen"

Material: „Pelzchen" oder Vergleichbares (s.u.)
Wenn Zeit und Gruppengröße es erlauben, können Sie auch noch eine
eigene Aktion zur „Verteilung von Pelzchen" anschließen, etwa:
Vorbereitete „Pelzchen" (das können auch Pralinen, Blumen oder
Kärtchen mit ermutigenden Worten, Zitaten oder humorvollen
Bildern sein) liegen in der Mitte aus. Jede Teilnehmerin kann nun
etwas daraus wählen und ihrer Nachbarin (oder einer frei gewählten
Teilnehmerin) weitergeben mit einer kurzen Begründung, warum sie
gerade dieses Bild, diesen Satz für diese Person ausgewählt hat. Dabei
können schon erste Bezüge auf das genommen werden, was Einzelne
in der Erzählrunde berichtet bzw. bei anderen wahrgenommen haben.
Anschließend können Sie noch Informationen zu Planungen für die
nächsten Treffen oder zu grundsätzlichen Anliegen des Kreises
weitergeben, wenn das in der Einleitung noch nicht erfolgt ist.
Der Abend klingt aus mit Gesprächen bei Getränken und Knabbereien.

Anhang

Die kleinen Leute von Swabeedo
Vor langer Zeit lebten in dem Ort Swabeedo kleine Leute. Sie wurden
die Swabeedoer genannt. Sie waren sehr glücklich und liefen den
ganzen Tag mit einem freudig-fröhlichen Lächeln umher. Wenn sie
sich begrüßten, überreichten sie sich gegenseitig kleine, warme,
weiche Pelzchen, von denen jeder genug hatte, weil er sie verschenkte
und sofort wieder welche geschenkt bekam. Ein warmes Pelzchen zu
verschenken bedeutete für sie: Ich mag dich. So sagten sie sich, dass
jeder jeden mochte. Und das machte sie den ganzen Tag froh.
Außerhalb des Dorfes lebte ein Kobold – ganz einsam in einer Höhle.

Wenn ein Swabeedoer ihm ein Pelzchen schenken wollte, lehnte er es ab, denn er fand es albern, sich Pelzchen zu schenken. Eines Abends traf der Kobold einen Swabeedoer im Dorf, der ihn sofort ansprach: „War heute nicht ein schöner sonniger Tag?" Und er reichte ihm ein besonders weiches Pelzchen. Der Kobold schaute ihm in den Rucksack mit den Pelzchen. Dann legte er ihm den Arm vertraulich um die Schulter und flüsterte ihm zu: „Nimm dich in Acht. Du hast nur noch 207 Pelzchen. Wenn du weiterhin so großzügig die Pelzchen verschenkst, hast du bald keine mehr."

Das war natürlich vollkommen falsch gerechnet; denn jeder Swabeedoer hatte, da jeder jedem welche schenkte, immer genug Pelzchen. Doch der Beschenkte reagierte nicht wie bisher. Er packte das Pelzchen ein und sagte zu seinem Kollegen: „Lieber Freund, ich will dir einen Rat geben. Verschenke deine Pelzchen nicht so großzügig, sie könnten dir ausgehen." Bald gaben sich immer öfter Swabeedoer diesen Rat. So kam es, dass Pelzchen nur noch an allerbeste Freunde verschenkt wurden. Jeder hütete seinen Pelzchenrucksack wie einen Schatz. Sie wurden zu Hause eingeschlossen, und wer so leichtsinnig war, damit über die Straße zu gehen, musste damit rechnen, überfallen und beraubt zu werden. Die kleinen Leute von Swabeedo veränderten sich immer mehr. Sie lächelten nicht mehr und grüßten sich kaum noch. Keine Freude kam mehr in ihr trauriges Herz.

Erst nach langer Zeit begannen einige kleine Leute wieder wie früher kleine, warme, weiche Pelzchen zu verschenken. Sie merkten bald, dass ihnen die Pelzchen nicht mehr ausgingen und dass sich Beschenkte und Schenkende darüber freuten. In ihren Herzen wurde es wieder warm, und sie konnten wieder lächeln, auch wenn Traurigkeit und Misstrauen nie mehr ganz aus ihren Herzen verschwanden.

Liedvorschläge

Komm, Herr, segne uns (EG 170, NG 157, GLB 733)
Segne uns, o Herr (EG 581, GLB 736, LfG 123, LL 149)
Geh unter der Gnade (NG 142, GLB 730, LfG 130)

2. Sommernächte laden zum Träumen ein – Vom Träumen und Bitten

Thematischer Rahmen – Biblischer Horizont

Vor der Sommerpause bieten wir einen richtig schönen Abend zum Genießen an; vielleicht schon als kleinen Vorgeschmack für die kommenden Ferien und den bevorstehenden Urlaub.

Manchmal haben wir einen großen Anspruch gerade an diese Zeit im Jahr. Vieles, was in den letzten Monaten unerledigt blieb, wird als guter Vorsatz mit eingepackt. Briefschulden sollen erledigt werden, gemeinsame Zeit soll die vielen getrennt verbrachten Stunden der letzten Monate ausgleichen, die Kinder, die oft die Eltern zum Spielen vermissten, sollen nun wieder zu ihrem Recht kommen, und so packen wir in unsren Urlaubskoffer jede Menge Erwartungen an uns selbst, an unseren Partner und an unsere Kinder.

Wir haben große Träume für diese kostbare Zeit im Jahr – und finden uns dann am schönsten Urlaubsfleck mitten im Alltag, nur mit anderen Tapeten wieder. Wir sind enttäuscht, resigniert, weil unsere Träume uns zwischen den Fingern zerrinnen. Aber Träume müssen nicht nur Schäume sein, die große, schillernde Blasen werfen und dann in einem Nu zerplatzen.

Meine Tochter hat immer wieder einen Spruch in das Freundschaftsbuch ihrer Freundinnen geschrieben: „Träume nicht dein Leben, sondern lebe deine Träume." Damit ist doch gemeint: Bringe deine Träume in die Wirklichkeit, mach sie wahr. Gib deinen Ideen Hand und Fuß, dass sie Gestalt gewinnen und greifbar werden.

Um die Kraft der Träume für die Gestaltung unserer Wirklichkeit ganz allgemein soll es an diesem Abend gehen. Im Besonderen beschäftigen wir uns mit unseren Urlaubsträumen und Erwartungen an diese besondere Zeit.

Warum nicht einmal die Erwartungen und Träume ernst nehmen, sie benennen und in Gebete verwandeln, ganz im Sinne von Matthäus 7,7: „Bittet, so wird euch gegeben; suchet, so werdet ihr finden; klopfet an, so wird euch aufgetan"?

Wir werden in kreativer Weise am Eisbuffett über unsere Urlaubsziele sprechen.

Ziele

- Gemeinschaft beim Eisschlecken erleben
- Kreativität fördern
- eigene Erwartungen an den Urlaub bewusst machen und benennen
- die Bedeutung von Lebensträumen für die Wirklichkeit reflektieren
- die Bedeutung von „Zielbildern" und die Kraft des Gebets in den Blick nehmen
- Träume in Gebete „verwandeln"
- zur Ruhe kommen

Vorbereitung

- Sonnenschirme, mehrere Sitzgruppen unter den Schirmen (natürlich nur, wenn das Wetter mitspielt)
- mehrere Eissorten, Obst, Schokoladensoße, Himbeersoße, Schokostreusel, Krokant ...
- Dekoration für ein Eisbüfett: Schirmchen, Strohhalme, Hütchen ...
- Stifte, kleine Schilder für den „Eisnamen", Papier
- Papier in Blattform für die selbst formulierten Gebete
- Bibeltext: Matthäus 7,7.8
- Thesenliste über die Bedeutung von Bittgebeten
- Musik: „Der Sommernachtstraum" von Felix Mendelssohn-Bartholdy

Verlaufsskizze

1. *Einstieg: Wir laden ein zum Eisbüfett*   40 min.
Aktion: Aber bitte mit Namen
Aktion: Wichteln zur Urlaubszeit

2. *Erarbeitung: Erwartungen in Gebete verwandeln*   60 min.
Impulsreferat: Wer nichts erwartet, wird auch nichts empfangen
Einzelarbeit: Träume wahrnehmen und benennen
Impulsreferat: Zielgedanken und die Kraft des Gebets
Prioritätenspiel: Bittgebet

3. *Abschluss: Gebete für den Urlaub*   15 min.
Einzelarbeit: Eigene Gebete formulieren
Gebete für den Urlaub

1. Einstieg: Einladung zum Eisbüfett

Ein warmer Sommerabend ist der ideale Rahmen für dieses Thema.
Zu Beginn laden wir zu einem Eisbüfett ein. Viele verschiedene
Eissorten, frische Erdbeeren, Pfirsiche oder Melonen, Bananen,
Himbeeren, alles, was es zu dieser Jahreszeit gibt, bereiten wir vor.
Schokoladenstreusel, Krokant und verschiedene Soßen dürfen auf der
Tafel nicht fehlen.
Das Büfett wird eröffnet, und die Teilnehmerinnen können sich ihren
Eisbecher zusammenstellen unter dem Motto: *Mein Urlaubs-Traum-
Eis.* Jede Teilnehmerin bekommt die Aufgabe, der eigenen Eiskreation
einen Namen zu geben, der in irgendeinem Zusammenhang zum
Urlaubsziel steht. Dieser Name wird „in die Eiskarte aufgenommen",
d.h. jede notiert ihn auf einem Schild. Der Kreativität sind dabei keine
Grenzen gesetzt. Ganz originelle Namen kommen dabei zustande:
z.B. „Heiße Himbeersoße auf sardischem Kreidefels" oder „Dänische
Obstkreation – Träume zu zweit", „Buntes Familienglück in Schoko-

ladensoße an der Adria" oder „Heiße Nordseewellen in Vanille und Erdbeere".

Während alle genüßlich ihr Eis löffeln, stellen wir reihum unsere Kreation vor und tauschen uns über unsere Urlaubsziele aus.

Aktion: Wichteln zur Urlaubszeit

Damit wir über die lange Sommerpause noch in Kontakt bleiben, tauschen wir unsere Adressen: auf die Rückseite der Eisschilder schreibt jede Teilnehmerin ihren Namen und Adresse. Wie beim Wichteln zur Adventszeit mischen und verteilen wir die Adressen. Wir verabreden, dass jede Teilnehmerin eine Urlaubskarte an die gezogene Adresse schreibt.

2. Erarbeitung: Urlaubsträume in Gebete verwandeln

Impulsreferat: Wer nichts erwartet, wird auch nichts empfangen

Das hat wohl schon jeder erlebt: Eine rein räumliche Veränderung schafft noch keine innere. Wohin wir auch gehen, wir nehmen uns immer mit. Damit der Urlaub eben nicht zum „Alltag mit anderen Tapeten" wird, wollen wir über unsere Erwartungen, Träume und Wünsche ein wenig genauer nachdenken, unseren Bedürfnissen nachspüren und versuchen, diese zu benennen und darüber ins Gespräch zu kommen.

Vieles, was in die Zukunft hinausweist – Erwartungen, Tagträume und Wünsche –, vermittelt sich uns in bildhaften Vorstellungen. Vor dem inneren Auge tauchen Bilder auf, nehmen immer deutlicher Gestalt an und drängen dazu, realisiert und gelebt zu werden. Ich sehe mich z.B. in der Hängematte im Obstgarten liegen oder unter dem Gipfelkreuz nach einer Bergtour, oder ich sehe mich mit meinem Partner offene Gespräche führen oder das gemeinsame Gebet wieder beginnen. Woran liegt es, dass sich so viele unserer Träume nicht zu erfüllen scheinen?

Mit einer These möchte ich Sie konfrontieren: *Wer nichts erwartet, wird auch nichts empfangen.* Lassen Sie den Satz ein wenig auf sich wirken. Stimmen Sie zu? Ärgert er Sie? Was möchten Sie erwidern? *Wer nichts erwartet, wird auch nichts empfangen.* Manchmal neigen wir dazu, eigene Bedürfnisse zu übersehen, uns einfach den Umständen oder den Wünschen der anderen anzupassen, damit der Familiensegen nicht schief hängt, die gute Beziehung zur Freundin wenigstens im Urlaub nicht leidet. Und dann kommen wir gestresster nach Hause, als wir wegfuhren, und sind dann erst so richtig reif für die Insel. Erst, wenn wir unsere Bedürfnisse kennen, können wir Wünsche formulieren und dann auch mit der Familie oder den Freunden die gemeinsame Zeit so gestalten, dass jeder etwas davon hat. Manch eine Enttäuschung im Urlaub ließe sich vermeiden, wenn wir deutlich über unsere Bedürfnisse sprechen würden.

Einzelarbeit: Wünsche und Träume erkennen und benennen

Jede Teilnehmerin bekommt zunächst Zeit, für sich allein über folgende Fragen nachzudenken:
- Was brauche ich momentan am meisten?
- Was wünsche ich mir zutiefst im Urlaub?
- Was hindert mich, meine Träume Realität werden zu lassen?

Impulsreferat: Zielbilder und die Kraft des Gebets

Material: Bibeltext: Matthäus 7,7.8, Thesenliste

„Bittet, so wird euch gegeben; suchet, so werdet ihr finden; klopfet an, so wird euch aufgetan. Denn wer da bittet, der empfängt; und wer da sucht, der findet; und wer da anklopft, dem wird aufgetan."

Der Bibeltext steht allen Teilnehmerinnen entweder als Textkopie zur Verfügung oder wird für alle sichtbar auf Plakat/Tafel/Flipchart präsentiert.
Wenn der Zeitrahmen es erlaubt, kann vor dem kurzen Impulsreferat auch Gelegenheit für sponate Kommentare zum Bibeltext gegeben werden.

Impulsreferat und Einzelarbeit

Diese Verse stammen aus der Bergpredigt. Es geht im Gesamtzusammenhang der Bibel an dieser Stelle nicht um Aspekte der großen Linie des Heilsplan Gottes, sondern um handfeste, irdische Belange des Menschen auf der Erde im Hier und Jetzt. Was Jesus hier knapp und präzise (wie eine „Gebrauchsanweisung") formuliert, ist in der Tat nichts anderes als eine gute Empfehlung Gottes an den Menschen zur Stärkung der Beziehung zu seinem Schöpfer und zur Entfaltung seiner Gestaltungsfähigkeit. Warum?

Viele Gestaltungsmöglichkeiten liegen in uns brach, weil wir uns so oft vom negativen Denken blockieren lassen und manchmal grüblerisch allem nicht Gelebten nachtrauern, anstatt zukunftsorientiert zu leben und uns konkrete Ziele zu setzen. Es scheint so zu sein: Gedankliche Zielbilder – in unserem Fall also Träume für den Urlaub, wenn sie auch von Gefühlen, also von Wünschen und Hoffnungen getragen werden, setzen Kräfte frei, die in die Realität hineinwirken und sie verändern können.

Es geht dabei nicht um eine „Gott-lose" Kraft, die in uns selbst liegt, etwa die Kraft des positiven Denkens. Es geht darum, mich und meine ganze Wirklichkeit mit Gott in Beziehung zu bringen:

- in mich hineinzuhorchen, meine Bedürfnisse wahrzunehmen und auch den momentanen Mangel zu erkennen;
- aus meinen Bedürfnissen Wünsche und Träume wachsen zu lassen;
- meine Vorstellungskraft einzusetzen, um innere Bilder zu entwerfen und diese in der Form einer Bitte an Gott, den Geber aller guten Gaben, zu richten;
- und dann zu vertrauen, dass Gott, der Schöpfer des Lebens, der Geber aller guten Gaben, uns das schenken wird, was wir im Tiefsten brauchen.

Warum es Sinn hat, Gott zu bitten

☐ Gott möchte gebeten werden. Gott möchte uns beschenken.

☐ Wir sind Gott wichtig und wertvoll, er hat Interesse an uns. Er möchte Gemeinschaft mit uns , eine lebendige Beziehung zu uns haben.

☐ Mit einer Bitte zeigen wir, dass wir uns Entscheidendes nicht selbst verdanken. Bitten heißt, mit meinem Wunsch nicht allein zu bleiben.

☐ Wir sollen aktiv werden und nicht wie im Schlaraffenland nur die Hand hinhalten.

☐ Wir sind eingeladen, nicht einfach zu „konsumieren" (Anspruchsdenken), sondern das Gute in unserem Leben aus Gottes Hand zu empfangen und dankbar zu genießen.

☐ Wenn wir bitten, erleben wir das Empfangene als ein Geschenk und nicht als Selbstverständlichkeit.

☐ Über jede Gabe hinaus können wir den Geber erleben und die Beziehung zu ihm kann sich vertiefen.

☐ Bitten und Danken werden „ein untrennbares Paar".

☐ Eine Bitte setzt einen Mangel, eine Lücke voraus.

☐ Aus einem Wunsch wächst eine Bitte.

☐ Zur Bitte komme ich über die Erfahrung von Mangel und Bedürftigkeit.

☐ Eine Bitte an Gott bringt zum Ausdruck, dass ich Gutes von ihm erwarte.

Erfahrungsaustausch: Bittgebet

Das Thesenpapier wird allen Teilnehmerinnen ausgeteilt. Nach einer Zeit zum Durchlesen ist Gelegenheit, Verständnisfragen zu klären.

Aufgabe: Jede Teilnehmerin stellt eine eigene Prioritätenliste auf und nummeriert die vorgegebenen Thesen entsprechend. Anschließend vergleichen wir die Ergebnisse und kommen darüber ins Gespräch.

Gesprächsimpuls: Welcher Punkt ist für Sie persönlich der wichtigste im Blick auf das Gebet?

3. Abschluss: Gebete für den Urlaub

Material: Papier, Stifte, meditative Musik

Einzelarbeit: Gebete für den Urlaub

Jede Teilnehmerin kann für sich noch einmal aus ihren Wünschen und Träumen ein Gebet an Gott formulieren und auf ein Blatt Papier schreiben. Es braucht nur ein Satz, kein formvollendetes, aber ein ehrliches Gebet zu sein.

Gebetsgemeinschaft

Die selbst formulierten Gebete machen wir zu unserem Gebet und schließen den Abend mit einer Gebetsgemeinschaft ab.
Wer mag, kann im Hintergrund leise meditative Musik laufen lassen. In die Musik hinein lesen die Teilnehmerinnen ihre Gebete und legen sie um einen bunten Sommerstrauß in der Mitte herum auf den Boden.

Ergänzende Bausteine

Liedvorschläge

Singt das Lied der Freude über Gott (EG 306)
Auf, Seele, Gott zu loben (GLB 607)
Herr, ich komme zu dir (LL 115)

Anregung: Gebetstagebuch

Als Anregung für die bevorstehenden Urlaubswochen kann man den Hinweis geben, sich in diesen Wochen doch in besonderer Weise Zeit zu nehmen, darauf zu achten, wie Gott auf unsere Bitten und Gebete antwortet. Wer mag, kann in der Urlaubszeit ein Gebetstagebuch führen, in dem eigene Anliegen und Gottes Antwort festgehalten werden – und das am Ende vielleicht aus einer Bittenliste zu einem Dankgebetsbuch geworden ist.

Kleine Erinnerungsstütze zum Beten

Der folgende Text kann für jede Teilnehmerin kopiert und sozusagen als Urlaubsservice mitgegeben werden:

Beten

Folgende Regeln und Paragraphen sind zu beachten:

§ 1 Gott ist immer zu sprechen. Sein Apparat kennt kein Besetztzeichen. Sein Menschendienst geht rund um die Uhr.

§ 2 Wenn Sie nichts hören, sind Sie sicher, die richtige Nummer gewählt zu haben? Oder nahmen sie vielleicht nur den Hörer ab?

§ 3 Gewöhnen Sie sich nicht an, Gott nur über den Notruf anzuläuten.

§ 4 Ihr automatischer Anrufbeantworter nützt bei ihm nichts.

§ 5 Wenn das Gespräch „nichts gebracht" hat, ließen Sie ihn überhaupt zu Wort kommen?

§ 6 Wenn seine Sprache für Sie unverständlich war, sind Sie sicher, noch die Sprache des Herzens zu verstehen?

§ 7 Er hält Sie für sehr wichtig. Als wenn Sie sein einziger Auslandskorrespondent wären.

§ 8 Telefonieren Sie mit Gott nicht nur zu Zeiten des verbilligten Tarifs, also vornehmlich am Wochenende! Auch an Werktagen müsste regelmäßig ein kleiner Anruf möglich sein.

§ 9 Wussten Sie es noch nicht? Das Telefonieren mit Gott ist immer gebührenfrei.

§ 10 Wenn Sie Zeit hatten, dies zu lesen (hören), dann haben Sie auch Zeit, jetzt einen Augenblick mit ihm zu sprechen.

Willi Hoffsümmer

Eistest: Welcher Eistyp sind Sie? – Testen Sie sich

Sind Sie ein kontaktfreudiger Mensch, der die gefrorenen Köstlichkeiten vor allem im Kreise seiner Freunde genießt? Oder gehören Sie zu den Individualisten, die ihr Eis lieber allein zu Hause naschen? Unser Test verrät es Ihnen:

Für welche Eis-Kategorie können Sie sich am meisten begeistern?
a) Gemischtes Eis mit Sahne (4)
b) Eistorte (3)
c) Fürst-Pückler-Eis (2)
d) Eiskaffee (1)

Wo und wann genießen Sie Ihr Eis am liebsten?
a) Im Sommer am Strand (2)
b) Abends vor dem Fernseher (1)
c) Im Restaurant mit Freunden (4)
d) Immer und überall (3)

Wenn Sie zum Vanilleeis eine weitere Sorte wählen sollen, für welche entscheiden Sie sich?
a) Schokoladeneis (1)
b) Himbeereis (2)
c) Stracciatellaeis (4)
d) Bananeneis (3)

Sie haben blendende Laune, doch in Ihrem Umfeld herrscht eine frostige Atmosphäre. Ihre Reaktion?
a) Ich verschwinde (1)
b) Ich gebe eine Runde Eis aus, um die Stimmung aufzutauen (4)
c) Ich reagiere eisig (2)
d) Ich lasse es an mir abprallen (3)

Liegt bei Ihnen im Tiefkühlfach stets eine Portion Eis?
a) Ich muss immer Eis im Haus haben (1)
b) Auch verschiedene Geschmackssorten (2)
c) Ja, und für Freunde garniere ich das Eis, damit das „Auge mitessen" kann (3)
d) Mir schmeckts nur im Restaurant (4)

Welche Eis-Farbe gefällt Ihnen am besten?
a) Gelb wie Vanilleeis (1)
b) Braun wie Schokoladeneis (3)
c) Rosa wie Erdbeeren (2)
d) Weiß wie Zitroneneis (4)

Wie machen Sie eine Liebeserklärung?
a) Ich sage: „Bei näherer Betrachtung unserer Bekanntschaft …" (1)
b) Oder: „Du bist süß wie Himbeereis" (3)
c) Ich frage zunächst: „Magst du mich?" (2)
d) Ich sage spontan: „Ich liebe dich!" (4)

Im Kino kauft Ihr Sitznachbar ein Eis und beginnt, es genussvoll zu verzehren. Wie ist Ihre Reaktion?
a) Ich suche mir einen anderen Platz (1)
b) Ich gönne mir ebenfalls ein Eis (3)
c) Der soll bloß nicht auf meine Klamotten kleckern (2)
d) Ich bleibe ganz cool (4)

„Überraschen" Sie Ihre Gäste zuweilen mit einem Fertiggericht?
a) Ja, aber ich verfeinere die Speisen, so dass es keiner merkt (4)
b) Also, das wäre mir peinlich (2)
c) Ja, mit Eis aus der Haushaltspackung (3)
d) Ich bekomme keinen Besuch (1)

Fällt es Ihnen leicht, sich nach einem Krach mit einem nahe stehenden Menschen zu versöhnen?
a) Nein, die „Kaltfront" bleibt bestehen (1)
b) Manchmal muss ich mich überwinden (2)
c) Wenn er seine Entschuldigung romantisch verpackt, schmelze ich (3)
d) Bei heißen Küssen klappt's am besten (4)

Haben Sie alle Fragen ehrlich beantwortet? Dann lesen Sie bitte die Auswertung auf der Rückseite

Auflösung Eistest

1-10 Punkte:

Sie sind eher ein Single-Typ, der sich gerne einmal vom Trubel der Welt zurückzieht und sein Eis allein genießt. Zwar befinden Sie sich meist in einer lebhaften und geselligen Stimmung und Ihr Bekanntenkreis ist sicher groß. Doch ehe Sie feste Bindungen eingehen, überlegen Sie sich das reiflich. Dabei sehnen Sie sich ganz ernsthaft nach menschlicher Wärme und Vertraulichkeit, nur fällt es Ihnen schwer, über Ihren eigenen Schatten zu springen. Denn im Grunde genommen wollen Sie nicht alleine sein, und dass es bei Ihnen etwas „klemmt", liegt vielleicht nur daran, dass Sie bisher zu wenig Menschen begegnet sind, die Ihnen wirklich liegen. Schauen Sie sich um – es gibt viele nette Leute!

11-20 Punkte:

Ein leckeres Eis zu zweit, romantische Musik und Kerzenschein – das ist die Atmosphäre, in der Sie sich wohlfühlen. Denn Sie gehören zu den Kuscheltypen mit einem ausgeprägten Gefühlsleben. Zwar träumen Sie hin und wieder von Macht und Ehrgeiz, aber dafür sind Sie viel zu friedlich. Daher gehören Sie zu den Menschen, die alles Neue und Ungewöhnliche erst einmal „auf Eis legen" – gleichgültig, ob es sich um Menschen, Ereignisse oder die Arbeit handelt. Viel lieber beschäftigen Sie sich mit dem Vertrauten, weil Sie die Bewegungsfreiheit und Mühelosigkeit schätzen, die der Umgang mit den bekannten Dingen mit sich bringt. Sie sind ein geduldiger und liebevoller Mensch – doch zu den Pioniernaturen zählen Sie nicht.

21-30 Punkte:

Andere Menschen zu verwöhnen, für sie etwas zu „zaubern", bereitet Ihnen großes Vergnügen, denn Sie zählen zu jenen Typen, die in jeder Lebenslage zuversichtlich gestimmt und immer bereit sind, Ihren Mitmenschen aus der Klemme zu helfen. Sie sind die Geduld selbst und führen stets aus, was Sie sich vorgenommen haben – souverän und mit heiterer Gelassenheit. Zu Hause schmeckt's immer noch am besten, lautet Ihr Motto. Daher laden Sie Ihre vielen Freunde vorwiegend in Ihre Wohnung ein und überraschen sie mit aufwändigen

Eisbüfetts oder grandiosen Eistorten. Im Grunde interessiert Sie alles, was anders ist als Sie selbst, zudem gehören Sie zu den geschickten Tüftlern – jenen Menschen, die vor schwierigen Problemen nicht so leicht kapitulieren.

31-40 Punkte:

Im Restaurant mit Freunden sitzend, dabei eine Riesenportion Eis mit Sahne schlemmen – so haben Sie's gern! Weil einem kommunikativen Menschen wie Ihnen die Geselligkeit über alles geht. Ihr Leben muss überaus angenehm sein, weil Sie einen sagenhaften Optimismus ausstrahlen, und es ist kein Wunder, dass alle Ihre Freundschaft suchen. Das wahre Glück finden Sie jedoch in einem abenteuerlichen Dasein, und so werden Sie Ihr Leben mehr oder weniger als „vertan" ansehen, wenn Ihnen die Umwelt durch Vorbehalte einen anderen Stil aufzwingt. Alle Ruhe und überhaupt alles Bürgerliche sind Ihrem Wesen fremd. Bei Ihnen muss es stets „frischwärts" gehen, denn Sie sind „genial" veranlagt. Und genau so muss auch Ihre Umgebung sein, damit Sie sich wohl fühlen.

3. Ich sammle Farben für den Winter – Für die Seele Sorge tragen

Thematischer Rahmen – biblischer Horizont

Ein Thema im Herbst. Der Herbst ist die Jahreszeit der vollen Scheunen, aber auch der leeren Stoppelfelder, der goldenen Äpfel und der fallenden Blätter. Früchte werden geerntet, gesammelt und Vorräte für den Winter angelegt.

Wie ist es um unsere „Vorräte" bestellt? Woran denken wir, wenn es um Sammeln und Vorratshaltung geht?

Anhand der Geschichte „Frederick" von Leo Lionni denken wir über unsere „Schatzkammern" und „Speicher" nach. Wir werden darauf stoßen, dass es nicht nur materielle Vorräte, sondern auch Vorräte anderer Art gibt – nämlich Vorräte für die Seele. „Frederick" spricht von Farben, die schöne Erinnerungen wecken, und Worten, die sich zu Gedichten verdichten.

Die Bibel geht noch einen Schritt weiter und erinnert an die Beziehung zu Gott als „Nährboden" für Seele und Geist. Denken wir z.B. an Matthäus 4,4: „Der Mensch lebt nicht vom Brot allein, sondern von einem jeglichen Wort, das aus dem Mund Gottes geht."

In Psalm 103,1.2 drückt der Psalmbeter aus, wie wichtig die Erinnerung sein kann. Er ermahnt sich sozusagen selbst, all das Gute nicht zu vergessen, das er von Gott empfangen und erfahren hat. Dahinter steht die Erfahrung Israels, dass das Gedenken an die guten Taten Gottes zu einer unschätzbaren Hilfe werden kann, wenn es gilt, schwierige Zeiten durchzustehen. Es ist gut, sich an erfahrenes Heil zu erinnern und diese Erinnerungen auch mit anderen zu teilen – wie es Israel in seinen Festen und religiösen Traditionen bis heute tut.

Ziele

- Herbstliche Stimmung aufnehmen
- Geschichte „Frederick" kennen lernen

- Bedeutung des Sammelns und Bewahrens entdecken
- Unsere Erinnerungen als „Schatzkammern" aufwerten
- Unsere Vorstellungen von Reichtum und Sicherheit überprüfen

Vorbereitung

- Materialien aus der Natur: Baumrinden, bunte Blätter, Hagebutten, Kastanien, Eicheln, Moos, Zweige
- Jutetuch, ca. 1 x 1 m
- CD: Antonio Vivaldi, Die vier Jahreszeiten; daraus: Der Herbst
- Text: Leo Lionni, „Frederick", Middelhauve Verlag, Köln und Zürich 1985
- Wachsmalstifte, genügend Puzzleteile für jede Teilnehmerin (s. Anhang)
- „Wort-Schatzkiste": Bibelverse, Gedichte, Segenswünsche, Sinnsprüche auf Zetteln zum Thema „Schätze, Reichtum, Sammeln"
- Teelichter, Feuerzeug
- Lied „Ich sammle Farben für den Winter" (s. Anhang)

Verlaufsskizze

1. Einstieg: Herbst
Herbstkranz (meditativ/gestalterisch)   15 min.

2. Erarbeitung: „Frederick"
Textarbeit, Leo Lionni   20 min.
Impulsreferat: Schatzkammern der Erinnerung   5 min.
Aktion: Wir sammeln Farben (Puzzleteile malen)   15 min.
Impulsreferat: Schatzkiste der Sprache – Wort Gottes   5 min.
Aktion: Wir sammeln Wörter (Wort-Schatz-Kiste)   10 min.

3. Abschluss: Wir sammeln Licht
Lied, Teelichter (meditativ/gestalterisch)   10 min.

Durchführung

1. Einstieg: Herbstkranz

Material: Naturalien aus der Natur: Baumrinden, bunte Blätter, Hagebutten, Kastanien, Eicheln, Moos, Zweige

Die Naturmaterialien werden in Körbe verteilt. In der Mitte des Raumes liegt ein großes Jutetuch. Mit den Früchten des Herbstes schmücken wir gemeinsam den Rand des Tuches. Als musikalischen Hintergrund hören wir „Herbst" von A. Vivaldi. Vor unseren Augen entsteht ein schönes herbstliches Bild. Es erinnert an einen Bilderrahmen. Die Mitte ist noch leer, aber der Rahmen ist gesteckt. Es ist der Herbst, der unserem Thema den Rahmen gibt.

Wir tauschen (kurz!) unsere Eindrücke aus:

- Wie wirkt unser Rahmen auf mich?
- Was fällt mir auf?
- Was gehört für mich sonst noch zum Herbst?

2. Erarbeitung: „Frederick" – Ich sammle Farben für den Winter

Material: Geschichte: Frederick (Leo Lionni), Puzzleteile, Stifte, Wortschatzkiste

Frederick

Rund um die Wiese herum, wo Kühe und Pferde grasten, stand eine alte, alte Steinmauer. In dieser Mauer – nahe bei Scheuer und Kornspeicher – wohnte eine Familie schwatzhafter Feldmäuse.

Aber die Bauern waren weggezogen, Scheuer und Kornspeicher standen leer. Und weil es bald Winter wurde, begannen die kleinen Feldmäuse Körner, Nüsse und Weizen und Stroh zu sammeln. Alle Mäuse arbeiteten Tag und Nacht. Alle – bis auf Frederick.

„Frederick, warum arbeitest du nicht?", fragten sie. „Ich arbeite doch", sagte Frederick, „ich sammle Sonnenstrahlen für die kalten, dunklen Wintertage."

Und als sie Frederick so dasitzen sahen, wie er auf die Wiese starrte, sagten sie: „Und nun Frederick, was machst du jetzt?" „Ich sammle Farben", sagte er nur, „denn der Winter ist grau."

Und einmal sah es so aus, als sei Frederick halb eingeschlafen. „Träumst du, Frederick?", fragten sie vorwurfsvoll. „Aber nein", sagte er, „ich sammle Wörter. Es gibt viele lange Wintertage – und dann wissen wir nicht mehr, worüber wir sprechen sollen."

Als nun der Winter kam und der erste Schnee fiel, zogen sich die fünf kleinen Feldmäuse in ihr Versteck zurück.

In der ersten Zeit gab es noch viel zu essen, und die Mäuse erzählten sich Geschichten über singende Füchse und tanzende Katzen. Da war die Mäusefamilie ganz glücklich.

Aber nach und nach waren fast alle Nüsse und Beeren aufgeknabbert, das Stroh war alle und an Körner konnten sie sich kaum noch erinnern. Es war auf einmal sehr kalt zwischen den Steinen der alten Mauer und keiner wollte mehr sprechen.

Da fiel ihnen plötzlich ein, wie Frederick von Sonnenstrahlen, Farben und Wörtern gesprochen hatte. „Frederick!", riefen sie, „was machen deine Vorräte?"

„Macht die Augen zu", sagte Frederick und kletterte auf einen großen Stein. „Jetzt schicke ich euch die Sonnenstrahlen. Fühlt ihr schon, wie warm sie sind? Warm, schön und golden?" Und während Frederick so von der Sonne erzählte, wurde es den Mäusen schon viel wärmer. Ob das Fredericks Stimme gemacht hatte? Oder war es ein Zauber?

„Und was ist mit den Farben, Frederick?", fragten sie aufgeregt. „Macht wieder eure Augen zu", sagte Frederick. Und als er von blauen Kornblumen und roten Mohnblumen im gelben Kornfeld und von grünen Blättern am Beerenbusch erzählte, da sahen sie die Farben so klar und deutlich vor sich, als wären sie aufgemalt in ihren kleinen Mäuseköpfen.

„Und die Wörter, Frederick?" Frederick räusperte sich, wartete einen Augenblick, dann sprach er wie von einer Bühne herab:

„Wer streut die Schneeflocken? Wer schmilzt das Eis?
Wer macht lautes Wetter, wer macht es leis?
Wer bringt den Glücksklee im Juni heran?
Wer verdunkelt den Tag? Wer zündet die Mondkerze an?

Vier kleine Feldmäuse wie du und ich
wohnen im Himmel und denken an dich.
Die erste ist die Frühlingsmaus, die lässt den Regen lachen.
Als Maler hat die Sommermaus die Blumen bunt zu machen.
Die Herbstmaus schickt mit Nuss und Weizen schöne Grüße.
Pantoffeln braucht die Wintermaus für ihre kalten Füße.
Frühling, Sommer, Herbst und Winter sind vier Jahreszeiten.
Keine weniger und keine mehr. Vier verschiedene Fröhlichkeiten.

Als Frederick aufgehört hatte, klatschten alle und riefen: „Frederick, du bist ja ein Dichter!" Frederick wurde rot, verbeugte sich und sagte bescheiden: „Ich weiß es – ihr lieben Mäusegesichter!"

Leo Lionni, *Frederick,* © 1967 Leo Lionni und Gertraud Middelhauve Verlag, Köln

Die Geschichte wird vorgelesen. Die folgenden Impulsfragen strukturieren den Austausch darüber.
- Welche Figur in der Geschichte steht Ihnen spontan näher: Frederick, der Nichtstuer, oder die anderen Vorratssammler? Warum?
- Welche Vorräte sammelt Frederick und wann und wie kommen sie zur Geltung?
- Was sagt die Geschichte über die Spannung zwischen „Praktikern" und „Träumern" aus?
- Wem gibt die Geschichte eigentlich Recht – den Praktikern oder den Träumern?

Impulsreferat: Schatzkammern der Erinnerung

Frederick ist eine besondere Maus. Seine Artgenossen sorgen sich um materielle Dinge, aber ihn bewegt ganz anderes. Er lässt sich nicht von der Hektik und Betriebsamkeit anstecken, sondern konzentriert sich auf das, was ihm wichtig ist: Er sammelt Sonnenstrahlen, Farben und Wörter. Er füllt seine eigenen Speicher mit Vorräten, die er für das Überleben wichtig erachtet.
Was kann das für unser Leben bedeuten?
Viktor Frankl sagt es so: „Für gewöhnlich sieht der Mensch nur das

Stoppelfeld der Vergänglichkeit, was er übersieht, sind die vollen Scheunen der Vergangenheit."[2] Vielleicht sollten wir einmal in diesen „Schatzkammern" der Erinnerung stöbern und nach Sonnenstrahlen, Farben und Wörtern suchen. Vielleicht finden wir dort die Farben des Meeres – Erinnerungen an einen schönen Sommerurlaub, in dem wir Sonne und Wärme getankt haben, oder die Farben des Herbstwaldes, einer Löwenzahnwiese im Frühling oder die Farben der tief verschneiten Berge im Winter. Vielleicht die besondere Seelenfarbe einer guten Begegnung oder den Sonnenstrahl eines erhörten Gebets.

„Die Erinnerung ist das einzige Paradies, aus dem wir nicht vertrieben werden können" (Jean Paul). Erinnerungen sind ganz persönliche, verinnerlichte Erfahrungen, die zu uns und unserer Lebensgeschichte gehören. Hierhin – in dieses Paradies – können wir uns zurückziehen. Es geht nicht darum, aus der Welt zu fliehen, das Hier und Jetzt zu leugnen oder die Vergangenheit oder Zukunft zu glorifizieren. Es geht darum, inneren Reichtum wahrzunehmen, zu bewahren und zu schützen und Dankbarkeit zu lernen. Denn: „Dankbarkeit ist das Gedächtnis des Herzens."

Aus der Erinnerung kann Dankbarkeit für schöne Erlebnisse und Begegnungen, richtig getroffene Entscheidungen, Gebetserhörungen, Glaubenserfahrungen wachsen.

„Gott gibt uns das Gedächtnis, damit uns im Dezember Rosen blühen" (altes Sprichwort). Rosen im Winter, das sind Erinnerungen an Sommertage. Das sind Hoffnungsträger in einer kalten Zeit.

Aktion: „Wir sammeln Farben"

Material: Ein weißes „Blanco"-Puzzleteil für jede Teilnehmerin, Wachsmalstifte

Wir dürfen heute alle ein wenig „Frederick" sein und auf Vorratssuche gehen. Wir dürfen in unseren Schatzkammern der Erinnerung stöbern und nach Farben Ausschau halten. *Impuls: Versuchen Sie, sich an den letzten Sommer zu erinnern.*

• Mit welchen Farben könnten Sie Ihre Erinnerungen ausdrücken?

[2] Viktor E. Frankl, Ärztliche Seelsorge, Kindler Verlag, München 1975, S. 95.

- Sind es eher kräftige, starke Eindrücke – kräftige Farben, oder sind es eher zarte Eindrücke – schwache Farben?
  Jede Teilnehmerin kann nun ihr Puzzleteil als Erinnerungsgemälde gestalten. Danach legen wir unsere Puzzleteile aneinander in die Mitte. Es entsteht ein farbiges Bild, kräftige Farben, aber auch zarte Töne wechseln sich ab. Wir lassen das Bild auf uns wirken. Im Gespräch können die Teilnehmerinnen berichten, woran sie beim Malen gedacht haben und was sie mit den Farben ausdrücken wollten.

Impulsreferat: Schatzkiste der Sprache – Wort Gottes

Worte können zerstören, aber Worte können auch verbinden, heilen, bereichern. Auch mit Worten können wir einen inneren Reichtum schaffen, der unantastbar ist. Auswendig gelernte Bibelverse leuchten plötzlich in Krisenmomenten auf und bedeuten Zuspruch. Ganze Liedverse können Begleiter in dunklen Lebenssituationen werden. „Das Wort, das dir hilft, kannst du dir nicht selber sagen", hat jemand gesagt. Das heißt doch, dass wir manchmal Zuspruch brauchen, Mut machende Worte von außen, die uns auf unserem eigenen Weg weiterhelfen.

Im Tagebuch kann ich festhalten, was mir wichtig geworden ist, und so schreibend mein Leben begreifen und „Erinnerungen" aufbewahren. Persönliche Briefe, die ich im Laufe der Zeit erhalten habe, können auch den Reichtum einer Freundschaft „speichern".

„Der Mensch lebt nicht vom Brot allein, sondern von einem jeglichen Wort, das aus dem Mund Gottes geht" (Matthäus 4,4).

Jemand hat einmal gesagt: Der Mensch lebt nicht nur allein vom Brot, allein vom Brot stirbt er. Scheinbar ist es mehr als nur Brot, was unsere physische Existenz sichert. Was aber braucht der Mensch noch zum Leben? Wir verfügen über Sprache und sind zutiefst auf Sprache angelegt. Das wiederum ist darin begründet, dass wir als Ebenbilder Gottes geschaffen sind. Es ist Gottes Wesen, sich in Sprache auszudrücken und zu offenbaren. „Gott sprach ... und es wurde." Die ganze Schöpfung „spricht Bände" seines Wesens. In ihr können wir Gottes Liebe buchstabieren. Und vor allem in seinem Wort, in der Bibel, können wir Gott kennen lernen. Er spricht uns an, ganz persönlich meint er uns und möchte mit uns ins Gespräch kommen. Davon leben wir: von dem Wort Gottes, das er an uns richtet.

Aktion: „Wir sammeln Wörter"

In der Mitte des Kreises steht eine „Wort-Schatzkiste" mit Sprüchen, Bibelversen, Zitaten, Liedversen (Texte s. Anhang). Wir legen nun diese Sammlung aus, sodass die einzelnen Sprüche gut lesbar in der Mitte liegen.

Jede Teilnehmerin kann nun „sammeln" gehen und sich eines oder auch mehrere Worte aussuchen, die sie in ihren „Schatz guter Worte" aufnehmen möchte. Die gewählten Worte werden vorgelesen. Wer möchte, kann auch kurz begründen, was sie an diesem Wort anspricht oder warum sie gerade dieses Wort gewählt hat.

3. Abschluss: „Wir sammeln Licht"

Material: Teelichter, Lied: Ich sammle Farben für den Winter

Die Sonne bringt uns das Licht. Licht überwindet die Dunkelheit. Wir kennen in uns und um uns herum Dunkelheit und Traurigkeit. Mit den Lichtern setzen wir Zeichen, die uns persönlich gelten, aber auch in die Welt leuchten sollen.

Für jede Teilnehmerin ist ein Teelicht bereitgelegt. Wir werden die Lichter entzünden und auf unsere Puzzleteile setzen. In Gruppen, die gemeinsam beten, kann man diese Kerzen entzünden und mit einem Satz des Dankes gegen Gott verbinden. In der Mitte ist nun ein schönes Bild entstanden. Der Rahmen ist der Herbst. Das Bild sind unsere Farben, unsere Worte, unsere Lichter. In allem spiegelt sich die Güte Gottes, die wir uns so sichtbar und spürbar vor Augen führen.

Lied: „ Ich sammle Farben für den Winter" (s. Anhang)

Im Liedtext geht es auch darum, Licht für „die Welt" zu sammeln. Wir bleiben nicht bei uns stehen, sondern beenden den Abend mit einem Blick über unseren eigenen Tellerrand hinaus.

Weitere Bausteine

Variante Einstieg: Brainstorming

- Was sammeln wir?
- Habe ich eine Sammlung?
- Was bedeutet sie mir?

Bibeltexte

- Matthäus 19, 1-16 „Der reiche Jüngling"
- Matthäus 6,19-21 „Schätze im Himmel"
- Lukas 12,13-21 „Der arme Reiche"
- Matthäus 13,44-46 „Schatz im Acker und kostbare Perle"

Weitere Lieder zum Thema

Die Güte des Herrn hat kein Ende (NG 38, GLB 265, LfG 110)
Ich danke meinem Gott (NG 40, LfG 16)
Lobe den Herrn, meine Seele (NG 44, GLB 242, LfG 88, LL 31)

Anhang Vorschläge für Zitate „Wortschatzkiste"

So soll das Wort, das aus meinem Munde geht, auch sein: Es wird nicht wieder leer zu mir zurückkommen, sondern wird tun, was mir gefällt, und ihm wird gelingen, wozu ich es sende. Jesaja 55,11	Ich will die Übriggebliebenen meiner Herde sammeln aus allen Ländern, wohin ich sie verstoßen habe, und will sie wiederbringen zu ihren Weideplätzen, dass sie sollen wachsen und viel werden. Jeremia 23,3
Siehe, ich will sie sammeln aus allen Ländern, wohin ich sie verstoßen in meinem Zorn, Grimm und großem Unmut, und will sie wieder an diesen Ort bringen, dass sie sicher wohnen sollen. Jeremia 32,37	Es hält die Wasser des Meeres zusammen wie in einem Schlauch und sammelt in Kammern die Fluten. Psalm 33,7
Sie gehen daher wie ein Schatten und machen sich viel vergebliche Unruhe; sie sammeln und wissen nicht, wer es einbringen wird. Psalm 39,7	Zähle die Tage meiner Flucht, sammle meine Tränen in deinen Krug; ohne Zweifel, du zählst sie. Psalm 56,9
Wenn du ihnen gibst, so sammeln sie; wenn du deine Hand auftust, so werden sie mit Gutem gesättigt. Psalm 104,28	Ich behalte dein Wort in meinem Herzen, damit ich nicht wider dich sündige. Psalm 119, 11
Ich will den Kelch des Heils nehmen und des Herrn Namen anrufen. Psalm 116,13	Euch aber lasse der Herr wachsen und immer reicher werden in der Liebe untereinander und zu jedermann, wie auch wir sie zu euch haben. 1. Thess. 3,12
Ich bin das Brot des Lebens. Wer zu mir kommt, den wird nicht hungern; und wer an mich glaubt, den wird nimmermehr dürsten. Johannes 6,35	Welchen ihr die Sünden erlasst, denen sind sie erlassen; und welchen ihr sie behaltet, denen sind sie behalten. Johannes 20,23

Vorschläge für Zitate „Wortschatzkiste"

Kinder sind eine Gabe des Herrn, und Leibesfrucht ist ein Geschenk. Wie Pfeile in der Hand eines Starken, so sind die Söhne der Jugendzeit. Wohl dem, der seinen Köcher mit ihnen gefüllt hat! Psalm 127,3-5	Viele kleine Leute an vielen kleinen Orten, die viele kleine Dinge tun, werden das Angesicht der Erde verändern. Afrikanisches Sprichwort
Gott ist nicht ein Gott der Toten, sondern der Lebenden. Matthäus 22,32	Was hülfe es dem Menschen, wenn er die ganze Welt gewönne und nähme doch Schaden an seiner Seele? Matthäus 16 26
So lasst euer Licht leuchten vor den Leuten, damit sie eure guten Werke sehen und euren Vater im Himmel preisen. Matthäus 5,16	Dein Wort ist meines Fußes Leuchte und ein Licht auf meinem Weg. Psalm 119,105
Er kam in sein Eigentum; und die Seinen nahmen ihn nicht auf. Wie viele ihn aber aufnahmen, denen gab er Macht, Gottes Kinder zu werden, denen, die an seinen Namen glauben. Johannes 1,11-12	Geldgier ist eine Wurzel alles Übels; danach hat einige gelüstet, und sie sind vom Glauben abgeirrt und machen sich selbst viel Schmerzen! 1. Tim. 6,10
Gutes und Barmherzigkeit werden mir folgen mein Leben lang, und ich werde bleiben im Hause des Herrn immerdar. Psalm 23,6	Das Gebet ist eine Kette von Gold, welche die Welt umschlingt und am Fuße Gottes endet. Alfred Tennyson
Freundliche Reden sind Honigseim, trösten die Seele und erfrischen die Gebeine. Sprüche 16,24	Das Gebet ist eine Kette von Gold, Die Gott liebhaben, sollen sein, wie die Sonne aufgeht in ihrer Pracht. Richter 5,31

Vorschläge für Zitate „Wortschatzkiste"

Wer keine letzte Orientierung hat, wird haltlos. Wer seinen Standpunkt verliert, gerät leicht ins Schwimmen. Peter Hahne	Der Segen des Herrn macht reich ohne Mühe. Sprüche 10,22
Der Herr behüte dich vor allem Übel, er behüte deine Seele. Der Herr behüte deinen Ausgang und Eingang von nun an bis in Ewigkeit. Psalm 121,7-8	Der Segen des Herrn macht reich ohne Mühe. Sprüche 10,22
Ich bin der Weinstock, ihr seid die Reben. Wer in mir bleibt und ich in ihm, der bringt viel Frucht; denn ohne mich könnt ihr nichts tun! Johannes 15,5	Wenn du durch Wasser gehst, will ich bei dir sein, dass dich die Strömne nicht ersäufen sollen; und wenn du ins Feuer gehst, sollst du nicht brennen ..., denn ich bin der Herr, dein Gott! Jesaja 43,2-3
Halte dich fest an Gott. Mach's wie der Vogel, der doch nicht aufhört zu singen, auch wenn der Ast bricht. Denn er weiß, dass er Flügel hat. Johannes Don Bosco	Die Worte Gottes sind köstlicher als Gold und viel feines Gold, sie sind süßer als Honig und Honigseim. Psalm 19,11
Alle eure Dinge lasst in der Liebe geschehen. 1. Kor. 16,14	Ich bin bei euch alle Tage bis ans Ende der Welt! Matthäus 28,20
„Du Narr! Diese Nacht wird man deine Seele von dir fordern; und wem wird dann gehören, was du angehäuft hast?" So geht es dem, der sich Schätze sammelt und ist nicht reich bei Gott. Lukas 12,20-21	Wer eine Grube gräbt, der kann selbst hineinfallen, und wer eine Mauer einreißt, den kann eine Schlange beißen! Prediger 10,8

Vorschläge für Zitate „Wortschatzkiste"

In unserer zerfahrenen Zeit brauchen wir Menschen, die sich sammeln und nicht zerstreuen – die Werte nicht belächeln, sondern befördern – die sich trauen und nicht verstecken – die nicht nur Tagesform haben, sondern auch Lebensziele. Peter Hahne	Jesus Christus ist nicht das Schlusslicht am Zug der Zeit, sondern der Morgenglanz der Ewigkeit. Peter Hahne
Wer Frieden mit Gott hat, dem gehört die Zukunft. Deshalb ist es entscheidend, mit dem Zukünftigen schon in der Gegenwart Frieden zu schließen. Peter Hahne	Das beste Rezept gegen den Werteverfall: Mit Menschen, die wir lieben, wertvoll umgehen. Peter Hahne
Werte wollen nicht als Worte erfahren werden, sondern als Vorbild und Begegnung. Peter Hahne	Leute mit Profil sind Menschen mit Standpunkt. Keine, die nur richtig liegen, nachdem sie vorher umgefallen sind. Peter Hahne
Dankbarkeit ist der Schlüssel zu einem erfüllten Leben. Wer danken kann, für den bekommt die Welt ein neues Gesicht. Peter Hahne	Wer den Himmel zum Ziel hat, dem kann die Erde nicht gleichgültig sein. Peter Hahne
Wer seine Wurzeln in der Ewigkeit hat, der kann Wagnisse in der Zeit eingehen. Peter Hahne	Das ist meine Freude, dass ich mich zu Gott halte und meine Zuversicht setze auf Gott, den Herrn. Psalm 73,28
Ewiges Leben schenkt inneren Reichtum, den keine Inflation zerstören kann. Peter Hahne	Danken wirkt Wunder – ist die beste Medizin gegen trübe Stunden – macht fröhlich und stimmt positiv. Peter Hahne

Vorschläge für Zitate „Wortschatzkiste"

Ich danke dir dafür, dass ich wunderbar gemacht bin; wunderbar sind deine Werke, das erkennt meine Seele. Psalm 139,14	Gott ist die Liebe, und wer in der Liebe bleibt, der bleibt in Gott und Gott in ihm. Lasst uns lieben, denn er hat uns zuerst geliebt. 1. Joh. 4,16.19
Opfere Gott Dank und erfülle dem Höchsten deine Gelübde und rufe mich an in der Not, so will ich dich erretten, und du sollst mich preisen! Psalm 50,14-15	Und siehe, ich bin bei euch alle Tage bis an der Welt Ende. Matthäus 28,20
.. Denn wir wissen: Wenn unser irdisches Haus, diese Hütte, abgebrochen wird, so haben wir einen Bau, von Gott erbaut, ein Haus, nicht mit Händen gemacht, das ewig ist im Himmel. 2. Kor. 5,1	Ich bin das Licht der Welt. Wer mir nachfolgtr, der wird nicht wandeln in der Finsternis, sondern wird das Licht des Lebens haben! Johannes 8,12
... Siehe, ich komme bald; halte, was du hast, dass niemand deine Krone nehme! Offb. 3,11	Die Liebe allein versteht das Geheimnis, andere zu beschenken und dabei selbst reich zu werden. Augustinus
Geben in Liebe heißt nie verlieren; und wie man Liebe nicht schenken könnte, wenn man sie nicht hätte, so hat man sie erst, wenn man sie schenkt. Augustinus	Wer Freude genießen will, muss sie teilen: Das Glück wurde als Zwilling geboren. Lord Byron
Nur der ist reich, der geliebt wird und leiben darf. Adalbert Stifter	Der Mensch lebt und bestehet / nur eine kurze Zeit; und alle Welt vergehet / mit ihrer Herrlichkeit. Es ist nur einer ewig und an allen Enden / und wir in seinen Händen. Matthias Claudius

Vorschläge für Zitate „Wortschatzkiste"

Gute Erinnerungen tragen das Leben. Japanisches Sprichwort	Mancher stellt sich reich und hat nichts, und mancher stellt sich arm und hat großes Gut. Sprüche 13,7
Hat nicht Gott erwählt die Armen in der Welt, die im Glauben reich sind und Erben des Reichs, das er verheißen hat denen, die ihn liebhaben? Jakobus 2,5	Sammelt euch aber Schätze im Himmel, wo sie weder Motten noch Rost fressen und wo die Diebe nicht einbrechen und stehlen. Matthäus 6,20
Verkauft, was ihr habt, und gebt Almosen. Macht euch Geldbeutel, die nicht veralten, einen Schatz, der niemals abnimmt, im Himmel, wo kein Dieb hinkommt und den keine Motten zerfressen. Lukas 12,33	Wer danken kann, für den bekommt die Welt ein anderes Gesicht. Rainer Schmidt
Und wenn du gegessen hast und satt bist, sollst du den Herrn, deinen Gott loben für das gute Land, das er dir gegeben hat. 5. Mose 8,10	Und der Friede Christi, zu dem ihr auch berufen seid in einem Leibe, regiere in euren Herzen; und seid dankbar. Kolosser 3,15
Der Herr ist mein Hirte, mir wird nichts mangeln. Psalm 23,1	Gott der Herr ist Sonne und Schild; der Herr gibt Gnade und Ehre. Er wird kein Gutes mangeln lassen den Frommen. Psalm 84,12
Fürchtet den Herrn, ihr seine Heiligen! Denn die ihn fürchten, haben keinen Mangel. Reiche müssen darben und hungern; aber die den Herrn suchen, haben keinen Mangel an irgendeinem Gut. Psalm 34,10-11	Die Zeit ist nicht an einen Pfosten gebunden wie das Pferd an die Krippe; sie fährt vorüber wie der Wind, und wer sein Korn mit ihr mahlen will, muss die Mühlenflügel nach ihr richten. C.H. Spurgeon

Farben für den Winter

Text und Musik: Role Kalkbrenner, Margetshöchheim
© 2002 Jonathan Böttcher
Originaltonart auf CD: F-Dur, Capo III

Ich sam-mle Far-ben für den Win-ter
und mal' sie auf ein Blatt Pa-pier.
Und wird die Welt ei-nes Ta-ges grau und leer, dann
schenk' ich mei-ne Far-ben her.

1. Ich sam-mle Licht für al-le Blin-den, die die
2. Ich sam-mle Lie-der für den Tau-ben, - der

1. Schön-heit die-ser Welt schon nicht mehr sehn. Die ge-
2. nur noch sei-ne ei-gne Stim-me hört, - der

1. ra-de We-ge geh'n, oh-ne sich mal um-zu dreh'n, die
2. re-det und nicht denkt, - und das, was man ihm schenkt, durch

(Auftakt nur zur 3. Strophe)

1. im-mer nur im Schat-ten steh'n.
2. sei-ne Wor-te nur zer-stört.   3. Ich

Farben für den Winter (2)

sam- mle Mut und Hoff- nung für den Stum- men, der

schweigt und nur das tut, was man ihm sagt. Der

sei- ne Wut ver- birgt, aus Angst, dass er ver- liert,

was ihm sel- ber nie ge- hört.

4. Ich bin ein Kind, ich bin ein Samm- ler,

ich such' das Schö- ne die- ser Welt

und wenn noch mehr Kin- der mit mir sam- meln geh'n,

dann bleibt uns- re Welt be- steh'n.

Kopiervorlage: Puzzleteile

Beim Kopieren vergrößern.

4. Sternstunden der Menschheit – Begegnung mit dem Oratorium „Der Messias" von Georg Friedrich Händel

Thematischer Rahmen – Biblischer Horizont

Stefan Zweig hat in seinem Buch „Sternstunden der Menschheit" die Entstehungsgeschichte des „Messias" von Georg Friedrich Händel literarisch verarbeitet und sehr eindrücklich festgehalten. Die Befreiung aus tiefer Depression, die G. Friedrich Händel im Zusammenhang der Entstehung des Oratoriums „Der Messias" erfuhr, kommt für Zweig einer Sternstunde gleich.

Händel, bereits ein anerkannter Opern- und Oratorienkomponist, war von einer schweren Krankheit getroffen, die ihn persönlich in tiefe Hoffnungslosigkeit stürzte. Eines Tages kehrte er von einem Spaziergang zurück und fand in seiner Wohnung ein Textbuch vor mit dem Titel: „Messiah". Händel zögerte zunächst, aber dann packte dieser Text ihn: die Bibelworte machten einen großen Eindruck auf ihn und, fasziniert von der Person Jesu, von seinem Leben von der Krippe bis zum Kreuz, schrieb er wie im Rausch sein großes Werk – den „Messias". Das Komponieren war wie ein Befreiungsakt, die Depression löste sich unter den „Notenblättern" gleichsam auf. Und so ist aus einer persönlichen Sternstunde im Leben eines Einzelnen auch eine Sternstunde der Menschheit geworden.

Allein dieser Geschichte zu folgen, wie Stefan Zweig sie darstellt, ist spannend und ergreifend. Noch eindrücklicher wird es, wenn an entsprechenden Stellen die Musik eingespielt werden kann.

Gerade die Adventszeit bietet sich an, Sternstunden aufleuchten zu lassen, ist doch der Stern ein ausgesprochen weihnachtliches Symbol. Im Advent erinnern wir uns an *die* Sternstunde, als Gott seinen Stern über Bethlehem aufgehen ließ und ein Licht aufstrahlt für „das Volk, das im Finstern wandelt" – wie es auch Händel erlebte. In einer Einleitung ist Gelegenheit, eigene „Sternstunden" zu erinnern und davon zu berichten.

Ziele

- persönliche Sternstunden erinnern
- Auszüge aus Stefan Zweig, *Sternstunden der Menschheit* kennen lernen
- Auszüge aus dem Oratorium „Der Messias" hören
- Über die Musik Zugang zu zentralen heilsgeschichtlichen Aussagen der Bibel finden

Vorbereitung

- Sternenhimmel: dunkelblaues Tuch, Goldpapiersterne
- Teelichter, Feuerzeug
- Text: Stefan Zweig, *Sternstunden der Menschheit*
- CD: Georg Friedrich Händel, „Der Messias"
- Goldenes Tonpapier, Scheren, Bleistifte
- Schablone „Stern", s. Anhang
- Lied „Unter all die Sterne"

Verlaufsskizze

1. Einleitung: Die Nacht ist voller Sterne   20 min.
Symbol: Sternenhimmel
Einzelarbeit: Persönliche Sternstunden
Austausch: Unter dem Sternenhimmel

2. Erarbeitung: „Sternstunden der Menschheit" –
„Der Messias" von Georg Friedrich Händel   90 min.
Texte aus „Sternstunden der Menschheit" verbunden mit Musikbeispielen aus dem „Messias"

3. Abschluss: Gestalterisch/meditativ   15 min.
Wir falten einen Stern
Lied: Unter all die Sterne

Durchführung

1. Einleitung: Die Nacht ist voller Sterne

Material: Dunkles Tuch, Goldpapiersterne, Teelichter. Der Raum sollte nur gedämpft beleuchtet sein.

In der Mitte des Kreises liegt zunächst nur das blaue Tuch. An den Ecken liegen die Sterne und Teelichter bereit, die im Verlauf der Einleitung auf das Tuch gesetzt werden.

Meditation

Erde dreht sich der Sonne ab
nimmt ihre Bahn, ihren Lauf.
Dunkelheit zieht auf.
Finsternis bricht ein,
vertreibt das Licht
für eine Zeit.
Manchmal
scheint mir,
finstere Nacht bricht
in mein Leben herein.
Düstere Gedanken, Traurigkeit,
Schwermut legen sich auf meine Seele
wie dunkle Schatten.

(Ein Stern mit einem Teelicht wird in die Mitte gesetzt.)

Ein Stern
leuchtet auf in dunkler Nacht.
Licht, hell und voller Kraft.
Ein Stern
auf meinem Weg durch dunkle Zeit.
Licht, das Hoffnung schenkt,
Zuversicht wachsen lässt.
Die Nacht ist voller Sterne.

Sternstunden entspringen dem Nachthimmel.
Kostbare Zeiten,
geschenkte Augenblicke,
Aufbruch zum Leben.

Stille: Persönliche Sternstunden

Jede Teilnehmerin kann sich in einem Moment der Stille an persönliche Sternstunden des letzten Jahres erinnern und setzt als Zeichen dafür ein Teelicht auf einem Goldstern in die Mitte.

Austausch: Unter dem Sternenhimmel

Es ist Gelegenheit zum Austausch über die persönlichen Sterne und die damit verbundenen Erlebnisse.

2. Erarbeitung: Sternstunden der Menschheit – „Der Messias" von Georg Friedrich Händel

Material: Textauszüge „Sternstunden der Menschheit", CD „Der Messias"; CD-Player; evtl. Textkopien der Musikbeispiele für alle Teilnehmerinnen (aus CD-Booklet)

Die Entstehungsgeschichte zum „Messias" wird in Auszügen vorgelesen. An den passenden Stellen werden Musikstücke eingespielt.

Vorschläge für die Musikbeispiele

„Tröste dich, mein Volk"(„Comfort ye") - Rezitativ	2:34 min.
So spricht der Herr" („Thus saith the Lord") – Rezitativ	1:36 min.
Denn es ist uns ein Kind geboren	
(„Wonderful, counsellor") – Chor	4:21 min.
O du, die Wonne verkündet in Zion – Arie und Chor	5:25 min.
Erwach, frohlocke, o Tochter von Zion („Rejoice") –	
Sopran-Arie	4:53 min.
Er ward verschmähet („He was despised") – Alt-Arie	12:13 min.
Doch du ließest ihn im Grabe nicht	
(„But Thou didst not leave") – Tenor-Arie	2:27 min.

Halleluja („Halleluja") – Chor	4:12 min.
Sie schallt, die Posaun	
(„The trumpet shall sound") – Bass-Arie	10:11 min.
Amen („Amen") – Chor	3:29 min.

Stefan Zweig, Georg Friedrich Händels Auferstehung

Der Diener Georg Friedrich Händels saß am Nachmittag des 13. April 1737, auf das sonderbarste beschäftigt, vor dem Parterrefenster des Hauses in Brookstreet. Er hatte ärgerlich bemerkt, dass sein Tabakvorrat ausgegangen war, und eigentlich hätte er nur zwei Straßen weit zu laufen gehabt, um sich in der Bude seiner Freundin Dolly frischen Knaster zu besorgen, aber er wagte sich nicht vom Hause aus Furcht vor seinem jähzornigen Herrn und Meister. Georg Friedrich Händel war in vollsaftiger Wut aus der Probe nach Hause gekommen, prallrot das Gesicht von aufwallendem Blut und dick die Adersträhnen an den Schläfen, mit einem Knall hatte er die Haustür zugeworfen und wanderte jetzt, der Diener konnte es hören, so heftig im ersten Stock auf und ab, dass die Decke bebte: es war nicht ratsam, an solchen Zorntagen lässig im Dienste zu sein.

So suchte der Diener ablenkende Beschäftigung für seine Langeweile, indem er statt schön gekringelten blauen Rauches aus seiner kurzen Tonpfeife Seifenblasen aufsteigen ließ. Er hatte sich einen kleinen Napf mit Seifenschaum zurechtgemacht und vergnügte sich, aus dem Fenster die bunten farbigen Blasen auf die Straße zu jagen. Die Vorübergehenden blieben stehen, zerstäubten im Spaß mit dem Stock eine und die andere der farbigen Kugeln, sie lachten und wickten, aber sie wunderten sich nicht. Denn von diesem Hause in Brookstreet konnte man alles erwarten; hier dröhnte plötzlich nachts das Cembalo, hier hörte man Sängerinnen heulen und schluchzen, wenn sie der cholerische Deutsche in seinem Berserkerzorn bedrohte, weil sie um einen Achtelton zu hoch oder zu tief gesungen. Für die Nachbarn von Grosvenorsquare galt Brookstreet 25 seit langem als Narrenhaus. ...

Der Diener findet an diesem Abend einen schwer erkrankten Händel vor: ein Schlaganfall hat ihn, zweiundfünfzigjährig, halbseitig gelähmt. Die Prognose des Arztes ist entmutigend: Händel wird gelähmt bleiben.

Vier Monate lebt Georg Friedrich Händel ohne Kraft, und die Kraft war sein Leben. Die rechte Hälfte seines Leibes blieb tot. Er konnte nicht gehen, er konnte nicht schreiben, nicht mit seiner Rechten eine einzige Taste zum Klingen bringen. Er konnte nicht sprechen, schief hing ihm die Lippe von dem furchtbaren Riss, der durch seinen Leib gegangen, nur lallend und verdumpft quoll ihm das Wort aus dem Munde. Wenn Freunde Musik für ihn machten, floss ein wenig Licht in sein Auge, dann regte sich der schwere ungebärdige Körper wie ein Kranker im Traum, er wollte mit in den Rhythmus, aber es war ein Frost in den Gliedern, eine grausige Starre, die Sehnen, die Muskeln gehorchten ihm nicht mehr; der einst riesige Mann fühlte sich hilflos eingemauert in ein unsichtbares Grab. Sobald die Musik zu Ende war, fielen ihm die Lider schwer zu, und er lag wieder wie eine Leiche. Schließlich riet der Arzt aus Verlegenheit – der Meister war offensichtlich unheilbar –, man solle den Kranken in die heißen Bäder von Aachen senden, vielleicht brächten sie ein wenig Besserung. ...

In Aachen betreibt Händel mit aller Kraft seines Willens seine Genesung: Neun Stunden bleibt er – gegen den Willen der Ärzte – täglich in den heißen Quellen. Und erreicht tatsächlich, dass das Wunder geschieht und die Lähmung verschwindet.

Am letzten Tage, völlig Herr seines Leibes, da er abreisen sollte von Aachen, machte Händel halt vor der Kirche. Nie war er sonderlich fromm gewesen, aber nun, da er im gnädig wiedergegebenen freien Gang zum Emporium hinaufschritt, wo die Orgel stand, fühlte er sich vom Unermesslichen bewegt. Er rührte mit der Linken versuchend die Tasten. Es klang, es klang hell und rein durch den wartenden Raum. Nun versuchte sich zögernd die Rechte, die lange verschlossen und erstarrt gewesen. Und siehe, auch unter ihr sprang wie silberne Quelle der Klang empor. Allmählich begann er zu spielen, zu phantasieren, und es riss ihn mit in das große Strömen. Wunderbar türmten und bauten sich ins Unsichtbare die klingenden Quadern, herrlich wieder stiegen und stiegen die luftigen Gebäude seines Genius schattenlos empor, wesenlose Helle, tönendes Licht. Unten lauschten namenlos die Nonnen und die Frommen. So hatten sie niemals einen Irdischen spielen gehört. Und Händel, das Haupt demütig geneigt, spielte und spielte. Er hatte wieder seine Sprache gefunden, mit der er redete zu Gott, zur Ewigkeit und zu den Menschen. Er konnte wieder musizieren, er konnte wieder schaffen. Nun erst fühlte er sich genesen.

„Aus dem Hades bin ich zurückgekehrt", sagte stolz, die breite Brust aufgespannt, die mächtigen Arme ausreckend, Georg Friedrich Händel zu dem Londoner Arzt, der nicht umhinkonnte, das medizinische Wunder zu bestaunen. Und mit voller Kraft, mit seiner berserkerischen Arbeitswut warf sich unverzüglich und mit verdoppelter Gier der Genesende wieder ins Werk. ...

Händel findet zu seiner alten Schaffenskraft zurück – aber die äußeren Umstände sind gegen ihn. Die finanziellen Mittel für Theater und Oper werden knapper, Sänger werden ihm krank, er selbst gerät in Schulden.

Schon im Jahre 1740 fühlt sich Händel neuerdings als besiegter, geschlagener Mann, Schlacke und Asche seines einstigen Ruhmes. Mühsam rafft er noch aus früheren Werken Stücke zusammen, ab und zu schafft er noch kleinere Taten. Aber versiegt ist das große Strömen, dahin die Urkraft in dem wieder gesunden Leib; zum erstenmal fühlt er sich müde, der riesige Mann, zum erstenmal besiegt der herrliche Kämpfer, zum erstenmal den heiligen Strom der Schaffenslust in sich stocken und versiegen, der schöpferisch seit fünfunddreißig Jahren eine Welt überströmt. Noch einmal ist es zu Ende, noch einmal. Und er weiß oder meint es zu wissen, der ganz Verzweifelte: zu Ende für immerdar. Wozu, seufzt er auf, hat Gott mich auferstehen lassen aus meiner Krankheit, wenn die Menschen mich wieder begraben? Besser, ich wäre gestorben, statt, ein Schatten meiner selbst, im Kalten, im Leeren dieser Welt dahinzuschleichen. Und im Zorn murmelt er manchmal das Wort dessen, der am Kreuze hing: „Gott, mein Gott, warum hast du mich verlassen?"

Ein verlorener, ein verzweifelter Mann, müde seiner selbst, ungläubig an seine Kraft, ungläubig vielleicht auch an Gott, irrt Händel in jenen Monaten abends in London herum. Erst spät wagt er sich aus dem

Haus, denn bei Tag warten die Gläubiger mit den Schuldzetteln vor der Tür, ihn zu fassen, und auf der Straße widern ihn die Blicke, die gleichgültigen und verächtlichen, der Menschen. Manchmal überlegt er, ob er nicht flüchten solle nach Irland hinüber, wo man noch an seinen Ruhm glaubt – ach, sie ahnen nicht, wie zerbrochen die Kraft ist in seinem Leibe –, oder nach Deutschland, nach Italien; vielleicht, dass dort noch einmal der innere Frost auftaut, dass noch einmal, von süßem Südwind berührt, die Melodie aufbricht aus dem verwüsteten Felsland der Seele. Nein, er erträgt es nicht, dies eine, nicht schaffen, nicht wirken zu können, er erträgt es nicht, Georg Friedrich Händel, besiegt zu sein. Manchmal bleibt er stehen vor einer Kirche. Aber er weiß, Worte geben ihm keinen Trost. Manchmal sitzt er in einer Schenke; aber wer den hohen Rausch, den seligen und reinen des Schaffens, gekannt, den ekelt der Fusel des gebrannten Wassers. Und manchmal starrt er von der Brücke der Themse nieder in das nachtschwarze, stumme Strömen, ob es nicht besser wäre, mit einem entschlossenen Ruck alles von sich zu werfen! Nur die Last dieser Leere nicht mehr tragen, nur nicht das Einsamkeitsgrauen, von Gott und den Menschen verlassen zu sein. Wiederum war er so nächtens herumgeirrt. Es war ein glühendheisser Tag gewesen, dieser 21. August 1741. ...

Langsam – ach, wie müde er doch geworden war, wie müde sie ihn gehetzt hatten, die Menschen! – klomm er die Stiege empor, bei jedem der schweren Schritte knirschte das Holz. Endlich war er im Zimmer. Er schlug das Feuerzeug an und entflammte die Kerze an dem Schreibpult: ohne zu denken tat er es, mechanisch, wie er es Jahre getan, um sich an die Arbeit zu setzen. Denn damals – ein wehmütiger Seufzer brach unwillkürlich ihm über die Lippe – holte er von jedem Spaziergang eine Melodie, ein Thema heim, immer zeichnete er es dann hastig auf, um das Erdachte nicht an den Schlaf zu verlieren. Jetzt aber war der Tisch leer. Kein Notenblatt lag dort. Das heilige Mühlrad stand still im erfrorenen Strome. Es gab nichts zu beginnen, nichts zu beenden. Der Tisch lag leer.

Doch nein: nicht leer! Leuchtete dort nicht im hellen Viereck etwas Papierenes und Weißes? Händel griff hin. Es war ein Paket, und er fühlte Geschriebenes darin. Rasch brach er das Siegel auf. Ein Brief lag zuoberst, ein Brief von Jennens, dem Dichter, der ihm den Text zu „Saul" und „Israel in Ägypten" geschrieben. Er sende ihm, schrieb er, eine neue Dichtung und hoffe, der hohe Genius der Musik, phoenix musicae, werde sich gnädigst seiner armen Worte erbarmen und sie auf seinen Flügeln dahintragen durch den Äther der Unsterblichkeit. Händel fuhr auf, wie von etwas Widrigem berührt. Wollte dieser Jennens ihn noch höhnen, ihn, den Abgestorbenen, den Erlahmten? Mit einem Riss zerfetzte er den Brief, warf ihn zerknüllt zu Boden und stapfte darauf. „Schuft! Schurke!", brüllte er; in seine tiefste, brennendste Wunde hatte dieser Ungeschickte gestoßen und sie aufgerissen bis zur Galle, bis in die bitterste Bitternis seiner Seele. Zornig blies er dann das Licht aus, tappte verworren in sein Schlafgemach und warf sich hin auf die Lagerstatt: Tränen brachen ihm plötzlich aus den Augen, und der ganze Leib zitterte in der Wut seiner Ohnmacht ...

Aber er konnte nicht schlafen. Eine Unruhe war in ihm, aufgewühlt vom Zorn wie das Meer vom Sturm, eine böse und geheimnisvolle Unruhe. Er warf sich von der Linken zur Rechten und von der Rechten wieder zur Linken und ward immer wacher und wacher. Ob er nicht doch aufstehen sollte und die Textworte prüfen? Aber nein, was vermöchte noch das Wort über ihn, den Erstorbenen! Nein, es gab keinen Trost mehr für ihn, den Gott in die Tiefe fallen gelassen, den er abgeschieden vom heiligen Strom des Lebens! Und doch, immer pochte noch eine Kraft in ihm, geheimnisvoll neugierig, die ihn drängte, und seine Ohnmacht konnte ihr nicht wehren. Händel stand auf, ging in das Zimmer zurück und schlug nochmals das Licht an mit vor Erregung zitternden Händen. Hatte ihn nicht schon einmal ein Wunder aufgehoben aus der Lähmung des Leibes? Vielleicht wusste Gott auch der Seele Heilkraft und Trost. Händel schob die Leuchte heran an die beschriebenen Blätter. „The Messiah!" stand auf der ersten Seite. Ach, wieder ein Oratorio! Die letzten hatten versagt. Aber unruhig, wie er war, schlug er das Titelblatt um und begann.

Beim ersten Wort fuhr er auf. „Comfort ye", so begann der geschriebene Text. „Sei getrost!" – wie ein Zauber war es, dieses Wort – nein, nicht Wort: Antwort war es, göttlich gegeben, Engelsruf aus verhangenen Himmeln in sein verzagendes Herz. „Comfort ye" – wie dies klang, wie es aufrüttelte innen die verschüchterte Seele, schaffendes, erschaffendes Wort. Und schon, kaum gelesen, kaum durchfühlt, hörte Händel es als Musik, in Tönen schwebend, rufend, rauschend, singend. O Glück, die Pforten waren aufgetan, er fühlte, er hörte wieder in Musik!

Einspielung Rezitativ: „Tröste dich, mein Volk"

Die Hände bebten ihm, wie er nun Blatt um Blatt wandte. Ja, er war aufgerufen, angerufen, jedes Wort griff in ihn ein mit unwiderstehlicher Macht. „Thus saith the Lord" („So spricht der Herr"), war dies nicht ihm gesagt, und ihm allein, war dies nicht dieselbe Hand, die ihn zu Boden geschlagen, die ihn nun selig aufhob von der Erde? „And he shall purify" („Er wird dich reinigen") – ja, dies war ihm geschehen; weggefegt war mit einem Mal die Düsternis aus dem Herzen, Helle war eingebrochen und die kristallische Reinheit des tönenden Lichtes. Wer anders hatte solche aufhebende Wortgewalt diesem armen Jennens, diesem Dichterling in Gopsall, in die Feder gedrängt, wenn nicht Er, der einzig seine Not kannte? „That they may offer unto the Lord" („Dass sie Opfer darbrächten dem Herrn") – ja, eine Opferflamme entzünden aus dem lodernden Herzen, dass sie aufschlage bis in den Himmel, Antwort geben, Antwort auf diesen herrlichen Ruf. Ihm war es gesagt, nur ihm allein, dieses „Ruf aus dein Wort mit Macht" – oh, ausrufen dies, ausrufen mit der Gewalt der dröhnenden Posaunen, des brausenden Chors, mit dem Donner der Orgel, dass noch einmal wie am ersten Tag das Wort, der heilige Logos, die Menschen erwecke, sie alle, die andern, die noch verzweifelt im Dunkel gingen, denn wahrlich „Behold, darkness shall cover the earth", noch deckt Dunkel die Erde, noch wissen sie nicht um die Seligkeit der Erlösung, die ihm in dieser Stunde geschehen. Und kaum gelesen, schon brauste er ihm auf, vollgeformt, der Dankruf „Wonderful, counsellor, the mighty God" – ja, so ihn preisen, den Wundervollen, der Rat wusste und Tat, ihn, der den Frieden gab dem verstörten Herzen! „Denn der Engel des Herrn trat zu ihnen" – ja, mit silberner Schwinge war er niedergefahren in den Raum und hatte ihn angerührt und erlöst. Wie da nicht danken, wie nicht aufjauchzen und jubeln mit tausend Stimmen in der einen und eigenen, wie nicht singen und lobpreisen: „Glory to God!"
Händel beugte sein Haupt über die Blätter wie unter großem Sturm. Alle Müdigkeit war dahin. So hatte er nie seine Kraft gefühlt, noch

nie sich ähnlich durchströmt empfunden von aller Lust des Schöpfertums. Und immer wieder wie Güsse von warmem, lösendem Licht
strömten die Worte über ihn, jedes in sein Herz gezielt, beschwörend,
befreiend! „Rejoice" („Freue dich") – wie dieser Chorgesang herrlich
aufriss, unwillkürlich hob er das Haupt, und die Arme spannten sich
weit. „Er ist der wahre Helfer" – ja, dies wollte er bezeugen, wie nie
es ein Irdischer getan, aufheben wollte er sein Zeugnis wie eine leuch-
tende Tafel über die Welt. Nur der viel gelitten, weiß um die Freude,
nur der Geprüfte ahnt die letzte Güte der Begnadigung, sein ist es, vor
den Menschen zu zeugen von der Auferstehung um des erlebten Todes
willen.

Einspielung Chor: Denn es ist uns ein Kind geboren ...
Tenor-Arie: Erwach, frohlocke, o Tochter von Zion

Als Händel die Worte las: „He was despised" („Er ward verachtet"),
da kam schweres Erinnern, in dunklen, drückenden Klang verwandelt, zurück. Schon hatten sie ihn besiegt gemeint, schon ihn lebendigen Leibes begraben, mit Spott ihn verfolgt – „And they that see him,
laugh") – sie hatten gelacht, da sie ihn sahen. „Und da war keiner, der
Trost dem Dulder gab." Niemand hatte ihm geholfen, niemand ihn
getröstet in seiner Ohnmacht, aber, wunderbare Kraft, „He trusted in
God", er vertraute Gott, und siehe, er ließ ihn nicht im Grabe ruhen
– „But thou didst not leave his soul in hell". Nein, nicht im Grabe
seiner Verzweiflung, nicht in der Hölle seiner Ohnmacht, einem
Gebundenen, einem Entschwundenen, hatte ihm Gott die Seele gelassen, nein, aufgerufen noch einmal hatte er ihn, dass er die Botschaft
der Freude zu den Menschen trage. ...

Einspielung Alt-Arie: Er war verachtet
Tenor-Arie: Doch du ließest ihn im Grabe nicht

Plötzlich erschauderte er, denn da stand, von des armen Jennens Hand
geschrieben: „The Lord gave the word." Der Atem stockte ihm. Hier
war Wahrheit gesagt durch einen zufälligen Menschenmund: der Herr
hatte ihm das Wort gesandt, von oben war es an ihn ergangen. „The
Lord gave the word": von ihm kam das Wort, von ihm kam der Klang,

von ihm die Gnade! Zu ihm zurück muss es gehen, zu ihm aufgehoben werden von der Flut des Herzens, ihm lobzusingen war jedes Schaffenden Lust und Pflicht. Oh, es fassen und halten und heben und schwingen, das Wort, es dehnen und spannen, dass es weit werde wie die Welt, dass es allen Jubel des Daseins umfasse, dass es groß werde wie Gott, der es gegeben, oh, das Wort, das sterbliche und vergängliche, durch Schönheit und unendliche Inbrunst zurückverwandeln in Ewigkeit! Und siehe: da war es ja hingeschrieben, da klang es, das Wort, unendlich wiederholbar, verwandelbar, da war es: „Halleluja! Halleluja! Halleluja!" Ja, alle Stimmen dieser Erde darin zusammenfassen, die hellen und die dunklen, die beharrende des Mannes, die nachgiebige der Frau, sie füllen und steigern und wandeln, sie binden und lösen im rhythmischen Chore, sie aufsteigen lassen und niedersteigen die Jakobsleiter der Töne, sie schwichtigen mit dem süßen Strich der Geigen, sie anfeuern mit dem scharfen Stoß der Fanfaren, sie brausen lassen im Donner der Orgel: Halleluja! Halleluja! Halleluja! – aus diesem Wort, aus diesem Dank einen Jubel schaffen, der von dieser Erde zurückdröhnte bis zum Schöpfer des Alls!

Einspielung Chor: „Halleluja"

Tränen dunkelten Händel das Auge, so ungeheuer drängte die Inbrunst in ihm. Noch waren Blätter zu lesen, der dritte Teil des Oratoriums. Aber nach diesem „Halleluja, Halleluja" vermochte er nicht mehr weiter. Vokalisch füllte ihn dieses Jauchzen innen an, es dehnte und spannte, es schmerzte schon wie flüssiges Feuer, das strömen wollte, entströmen. Oh, wie es engte und drängte, denn es wollte aus ihm, wollte auf und in den Himmel zurück. Hastig griff Händel zur Feder und zeichnete Noten auf, mit magischer Eile formte sich Zeichen auf Zeichen. Er konnte nicht innehalten, wie ein Schiff, die Segel vom Sturm gefasst, riss es ihn fort und fort. Rings schwieg die Nacht, stumm lag das feuchte Dunkel über der großen Stadt. Aber in ihm strömte das Licht, und unhörbar dröhnte das Zimmer von der Musik des Alls. ...
Georg Friedrich Händel wusste in jenen Wochen nicht mehr um Zeit und Stunde, er schied nicht mehr Tag und Nacht, er lebte vollkommen in jener Sphäre, die Zeit nur misst in Rhythmus und Takt, er wogte nur mitgerissen von dem Strömen, das aus ihm immer wilder,

immer drängender quoll, je mehr das Werk sich der heiligen Strom-
schnelle näherte, dem Ende. Gefangen in sich selber, durchmaß er mit
stampfenden, taktierenden Schritten immer nur den selbst geschaffe-
nen Kerker des Raumes, er sang, er griff in das Cembalo, dann setzte
er sich wieder hin und schrieb und schrieb, bis ihm die Finger brann-
ten; nie hatte zeitlebens ein solcher Sturz des Schöpfertums ihn über-
kommen, nie hatte er so gelebt, so gelitten in Musik.
Endlich, nach drei knappen Wochen – unfassbar noch heute und für alle
Ewigkeit! –, am 14. September, war das Werk beendet. Das Wort war
Ton geworden, unverwelklich blühte und klang, was eben noch trockene, dürre Rede gewesen. Das Wunder des Willens war vollbracht von
der entzündeten Seele wie einst von dem gelähmten Leibe das Wunder
der Auferstehung. Alles war geschrieben, geschaffen, gestaltet, in Melodie und Aufschwung entfaltet – nur ein Wort fehlte noch, das letzte des
Werkes: „Amen". Aber dieses „Amen", diese zwei knappen, raschen
Silben, sie fasste Händel nun, um aus ihnen ein klingendes Stufenwerk
bis in den Himmel zu bauen. Den einen Stimmen warf er sie zu und den
anderen im wechselnden Chore, er dehnte sie, die beiden Silben, und riss
sie immer wieder auseinander, um sie immer wieder neu und noch
glühender zu verschmelzen, und wie Gottes Atem fuhr seine Inbrunst in
dieses Ausklangswort seines großen Gebetes, dass es weit ward wie die
Welt und voll ihrer Fülle. Dieses eine, dieses letzte Wort, es ließ ihn nicht,
und er ließ es nicht, in großartiger Fuge baute er dies „Amen" auf aus
dem ersten Vokal, dem hallenden A, dem Urklang des Anfanges, bis es
ein Dom war, dröhnend und voll, und mit der Spitze reichend bis in den
Himmel, immer noch höher steigend und wieder fallend und wieder steigend, und schließlich von dem Orgelsturm gepackt, von der Gewalt der
vereinten Stimmen noch und nochmals emporgeschleudert, alle Sphären
erfüllend, bis dass es war, als ob in diesem Päan des Dankes auch die
Engel mitsängen und das Gebälk splitterte zu seinen Häupten von
diesem ewigen „Amen! Amen! Amen!" ...

Einspielung Chor: Amen

Am 13. April 1742, abends, staute sich die Menge vor den Türen. Die
Damen waren ohne Reifröcke gekommen, die Kavaliere ohne Degen,
damit mehr Zuhörer Raum finden konnten in dem Saale; siebenhundert

Menschen, eine nie erreichte Zahl, drängten heran, so rasch hatte der Ruhm des Werkes sich im Voraus verbreitet; aber kein Atem war zu hören, als die Musik begann, und immer lautloser wurde das Lauschen. Dann aber brachen die Chöre herab, orkanische Gewalt, und die Herzen begannen zu schauern. Händel stand bei der Orgel. Er wollte sein Werk überwachen und führen, aber es riss sich los von ihm, er verlor sich in ihm, es ward ihm fremd, als hätte er es nie vernommen, nie geschaffen und gestaltet, abermals strömte er mit in dem eigenen Strome. Und als am Ende das „Amen" anhub, da brachen ihm unwissend die Lippen auf, und er sang mit in dem Chor, er sang, wie er nie gesungen in seinem Leben. Aber dann, kaum dass der Jubel der anderen tosend den Raum erfüllte, schlich er still seitab, um nicht den Menschen zu danken, die ihm danken wollten, sondern der Gnade, die ihm dies Werk gegeben.
Die Schleuse hatte sich geöffnet. Nun strömte durch Jahre und Jahre wieder der klingende Strom. Nichts vermochte von jetzt ab Händel zu beugen, nichts den Auferstandenen wieder niederzuzwingen. Abermals wurde die Operngesellschaft, die er in London gegründet, bankrott, abermals hetzten ihn die Gläubiger mit Schulden: nun aber stand er aufrecht und bestand alle Widrigkeiten, unbekümmert schritt der Sechzigjährige seinen Weg die Meilensteine der Werke entlang. Man machte ihm Schwierigkeiten, aber glorreich wusste er sie zu besiegen. Das Alter höhlte mählich seine Kraft, es lahmten ihm die Arme, die Gicht krampfte die Beine, aber mit unermüdlicher Seele schuf er weiter und schuf. Schließlich versagte das Augenlicht; während er seinen „Jephta" schrieb, erblindete er. Doch noch mit verschlossenem Auge, wie Beethoven mit verschlossenem Ohr, schuf er weiter und weiter, unermüdlich, unbesiegbar, und nur noch demütiger vor Gott, je großartiger seine Siege auf Erden waren.
Wie alle wahren und strengen Künstler rühmte er seine eigenen Werke nicht. Aber eines liebte er, den „Messiah", er liebte dieses Werk aus Dankbarkeit, weil es ihn aus dem eigenen Abgrund gerettet, weil er sich in ihm selber erlöst. Jahr für Jahr führte er es in London auf, jedesmal den vollen Ertrag, jedesmal fünfhundert Pfund zum Besten des Hospitals überweisend, der Genesene an die Gebrestigen, der Befreite an jene, die noch in den Banden lagen. Und mit diesem Werke, mit dem er aus dem Hades aufgestiegen, wollte er auch Abschied nehmen. Am 6. April 1759, schon schwer erkrankt, ließ sich der Vierundsiebzigjährige noch

einmal nach Covent Garden aufs Podium führen. Und da stand er, der riesige, blinde Mann inmitten seiner Getreuen, inmitten der Musiker und der Sänger: seine leeren, seine erloschenen Augen konnten sie nicht sehen. Aber als nun in großem, rauschendem Schwung die Wogen der Töne gegen ihn rollten, als der Jubel der Gewissheit orkanisch aus Hunderten Stimmen ihm entgegenschwoll, da erleuchtete sich das müde Gesicht und ward hell. Er schwang die Arme zum Takt, er sang ernst und gläubig mit, als stünde er priesterlich zu Häupten seines eigenen Sarges, und betete mit allen um seine und aller Erlösung. Nur einmal, als bei dem Anruf „The trumpet shall sound" („Die Posaune soll erschallen") scharf die Trompeten ansetzten, zuckte er auf und sah mit seinen starren Augen nach oben, als wäre er schon jetzt bereit zum Jüngsten Gericht; er wusste, er hatte sein Werk gut getan. Er konnte aufrechten Hauptes vor Gott hintreten.

Ergriffen führten die Freunde den Blinden nach Hause. Auch sie fühlten: es war ein Abschied gewesen. Auf dem Bette regte er noch leise die Lippen. Am Karfreitag möchte er sterben, murmelte er. Die Ärzte staunten, sie verstanden ihn nicht, denn sie wussten nicht, dass dieser Karfreitag der 13. April war, der Tag, da die schwere Hand ihn zu Boden geschlagen, und der Tag, da sein „Messiah" zum erstenmal in die Welt geklungen. Am Tage, da alles in ihm gestorben gewesen, war er auferstanden. Am Tage, da er auferstanden war, wollte er sterben, um Gewissheit zu haben des Auferstehens zum ewigen Leben.

Einspielung Bass-Arie: Sie schallt, die Posaun'

(Textabdruck mit freundlicher Genehmigung der S. Fischer Verlag GmbH, Frankfurt am Main)

3. Abschluss: Gestalterisch

Material: Goldenes Tonpapier, Schablone Stern, Scheren, Bleistifte, Liedtext
Gemeinsam können wir nun einen Stern basteln – vielleicht auch bei heißem Tee und Zimtsternen?! (Anleitung s. Anhang)
Der Stern kann ein Begleiter durch die Adventszeit werden und lässt sich auch als Teelichthalter nutzen. Wir beenden den Abend um den Sternenhimmel herum und singen gemeinsam.

Anhang

Kopiervorlage zum Stern / Sternschablone

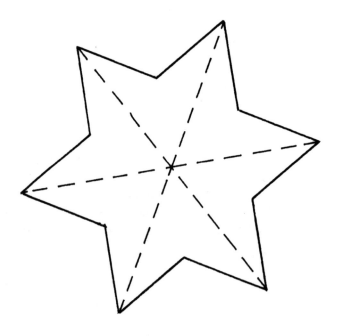

Bastelanleitung: Stern

1. Der Stern wird mit einem Bleistift von der Schablone auf das Tonpapier übertragen und ausgeschnitten.

2. Die gegenüberliegenden Spitzen der Strahlen bilden die Endpunkte der ersten 3 Faltlinien: — — — —- (Abb. 1). Diese Faltlinien sollten Sie besonders gut mit den Fingernägeln ausstreichen.

3. Nun wird entlang der 3 Seiten eines ersten Innendreiecks des Sterns gefaltet (Abb. 2). Faltlinien: - . - .- . - . -

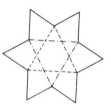

4. Dann wird entlang eines zweiten Innendreiecks (Abb. 2) gefaltet: - - - - -

Der Stern mit seinen Faltlinien sieht dann so aus: (Abb.3)

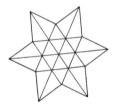

5. Die Spitzen der Strahlen klappen wir nun zusammen und ziehen sie vorsichtig hoch. Es entstehen ein sechseckiger Boden und sechs Strahlen.

6. Der Stern lässt sich nun noch zusammenklappen. Dazu stellen wir die Strahlen alle senkrecht auf, so dass sich die Spitzen gerade aufrichten und klappen sie dann im Uhrzeigersinn wieder herunter. Es entsteht eine Form, die an eine Windmühle erinnert.

Unter all die Sterne

Verfasser unbekannt

Refrain: Un-ter all die Ster-ne schrieb der Herr den Na-men von dir,

un-ter all die Ster-ne, ihm ganz nah und weit von hier,

un-ter all die Ster-ne hat der Herr dein Le - ben ge-stellt,

un-ter all die Ster-ne, ihm ganz nah am Him-mels-zelt.

1. Die Nacht, als in dem Herrn der Wunsch nach dir __ er-

wacht, die Nacht, die aus zwei Men-schen dich her-

vor - ge - bracht, die Nacht, als Gott zum ers-ten Mal dir

zu - ge-lacht, ge-lobt _____ die Nacht.

2) Der Tag, als Gott dich rief und dein Herz zu ihm kam,
der Tag, als er für immer dich als Kind aufnahm,
der Tag, als Gottes Friede in dein Leben kam,
gelobt der Tag.
Unter all die Sterne ...

3) Die Stund', in der du Gottes letzten Ruf verstehst,
die Stun d', wenn du das Ende deiner Zeit erflehst,
die Stund', wenn du dann hoffnungsvoll einst zu ihm gehst,
gelobt die Stund'.
Unter all die Sterne ...

5. Wer die Wahl hat, hat die Qual – Gute Entscheidungen treffen

Thematischer Rahmen – Biblischer Horizont

Immer wieder müssen wir im Leben Entscheidungen treffen, größere und kleinere. Und kaum jemand schreit: „Hurra – ich kann wieder eine Entscheidung treffen." Aber Entscheidungen sind unvermeidlich. Schon morgens stehen wir vor dem Kleiderschrank und müssen entscheiden: Was ziehe ich an? Viele Entscheidungen bereiten uns keine Mühe, wir treffen sie, ohne viel zu überlegen. Doch dann gibt es Situationen, die uns schlaflose Nächte bereiten: beim Kauf eines Hauses, Einstieg in den Beruf, Ortswechsel, Aufnahme oder Fortsetzung einer Beziehung usw. Diese Entscheidungen betreffen einen großen Teil unseres Lebens und ziehen weit reichende Konsequenzen nach sich. In diesen Situationen sind wir gefordert. Entscheiden wir nicht, dann entscheiden oft andere über uns, oder Chancen ziehen vorbei. Entscheidungssituationen stellen mich vor die Frage, ob ich mein Leben aktiv in die Hand nehmen möchte oder ob ich mich treiben lassen und von Umständen bestimmen lassen will. Welchen Platz hat darin mein Vertrauen auf Gottes Führung? Christen geraten immer wieder in die Spannung zwischen aktiver Entscheidung, wenn es um die eigene Lebensgestaltung geht, und der vertrauensvollen Hingabe an Gottes Führung.

„Befiehl dem Herrn deine Wege und hoffe auf ihn, er wird's wohl machen" (Psalm 37,5; Luther). – „Vertrau dich dem Herrn an und sorge dich nicht um deine Zukunft! Überlass sie Gott, er wird es richtig machen" (Hoffnung für alle). In diesem Satz des Psalmbeters kommt beides zum Ausdruck: das Angewiesensein auf Gottes Hilfe und das aktive Gestalten, indem ich meine Wege Gott anbefehle. Wichtig für den Abend ist es, deutlich zu machen, dass zu einer guten Entscheidung diese beiden Pole gehören: Weder untätig auf Gottes Zeichen zu warten, ist uns aufgetragen, noch das Losgehen ohne ihn. Aber aus der lebendigen Beziehung zu Gott heraus können wir zuversichtlich und in großer Freiheit unsere Entscheidungen treffen.

Drei *Schwerpunkte* wollen wir bei der Erarbeitung dieses Themas verfolgen:

- Was blockiert uns, Entscheidungen zu treffen?
- Welche Chancen liegen in Entscheidungen?
- Praktische Hilfen zur Entscheidungsfindung

Ziele

- das Lebensthema „Entscheidungen" persönlich erinnern und vertiefen
- Blockaden und Schwierigkeiten vor einer Entscheidung benennen
- Chancen einer Entscheidung entdecken
- Hilfen für Entscheidungssituationen vermitteln
- das Vertrauen auf Gott als entlastendes Element in Entscheidungen bewusst machen

Vorbereitung

- Bilder mit Wegen, Wegbiegungen, Kreuzungen
- Plakat: Meinungsfrage; Plakat: Lösungsideen; Blanko-Plakat
- Irische Musik; ggf. Kärtchen mit Segensworten

Verlaufsskizze

1. Einstieg: Erfahrungen mit Entscheidungen?   15 min.

2. Erarbeitung: Hilfe, ich muss Entscheidungen treffen!
Meinungsbild: Treffen Sie gerne Entscheidungen?   10 min.
Geleitetes Gespräch: Entscheidungshindernisse   10 min.
Impulsreferat: Chancen von Entscheidungen?   10 min.
Lösungsideen: Entscheidungshilfen   15 min.
Impulsreferat 2: Hilfestellungen für Entscheidungen   10 min.

3. Abschluss : Gehe deinen Weg
Segensworte zum Aufbruch   10 min.

Durchführung

1. Einstieg: Welche Entscheidungen habe ich bereits getroffen?

Bilder von Wegen mit Kreuzungen und Biegungen werden in die Mitte des Raumes gelegt. Wege symbolisieren hier Lebenswege. Kreuzungen stellen uns vor die Entscheidung, welchen Weg ich wählen möchte oder muss, um an ein Ziel zu kommen.

- Welches Bild spricht mich an? Warum?
- Welche größeren Entscheidungen habe ich bereits getroffen?

2. Erarbeitung: Hilfe, ich muss Entscheidungen treffen!

Material: Plakat mit Meinungsbild-Skala, Skala, Blanko-Plakat

---

Entscheidungen sind für mich die beste Herausforderung.

|⊢───⊣|

stimmt   stimmt nicht

Jede Teilnehmerin markiert ihre Position auf dem Plakat und erläutert kurz, warum sie ihr Kreuz gerade an diese Stelle gesetzt hat. Die genannten Aspekte werden in Stichworten auf einem weiteren Plakat festgehalten.

Im anschließenden geleiteten Gespräch stehen zunächst die Schwierigkeiten mit Entscheidungen im Mittelpunkt. Bereits genannte Blockaden werden noch einmal bewusst gemacht. Möglicher Gesprächsimpuls: „Wer die Wahl hat, hat die Qual." Was „quält" uns eigentlich in Entscheidungssituationen?

Folgende Aspekte sollten – falls nicht von Teilnehmerinnen genannt – von der Leiterin eingebracht werden:

- Angst vor Veränderung
- Angst vor Fehlentscheidungen

- Angst vor Konflikten
- Angst vor Verzicht

Hintergrundinformation für die Gesprächsleiterin

Angst vor Veränderung

Entscheidungen bedeuten in aller Regel, dass sich das Leben verändert. Aber wenn wir das, was kommt, noch nicht sehen, wenn wir noch keine Vorstellung von dem Neuen haben, ein neuer Weg noch unklar ist, dann überwiegt der Schmerz des Abschieds von Vertrautem. Veränderungen beinhalten beides: Loslassen von Vertrautem und Wagnis von Neuem; Trauer über Verlust und Spannung oder Vorfreude auf Neues. Entscheidungen verlangen beides: Alte Wege zu verlassen und neue Wege anzutreten. Bleibe ich im Gewohnten, brauche ich zwar nicht zu trauern, werde aber auch keine neuen Erfahrungen in einem neuen Beruf oder Wohnort machen.

Angst vor Fehlentscheidungen

Die Angst, eine falsche Entscheidung zu treffen, kann uns lähmen. Um bloß nichts falsch zu machen, entscheide ich lieber gar nicht erst oder zögere die Entscheidung hinaus: Wenn ich gar nichts tue, kann ich auch nichts falsch machen. Der Kritik und der Selbstkritik setze ich mich lieber nicht aus, die Folgen kann ich nicht abschätzen; und deswegen setze ich mich im Leben nicht ein. So behalte ich die „reine Weste", brauche mich nicht schmutzig zu machen, und „schmutzige Wäsche" brauche ich auch nicht zu waschen. Allerdings um einen hohen Preis: Ich lasse zu, dass ich „gelebt werde", statt selbst mein Leben zu gestalten.

Warum diese Angst vor Fehlern? Gestehe ich sie *mir* nicht zu, weil ich der Überzeugung bin, wenn ich Fehler mache, verliere ich die Achtung der anderen oder gar meine Selbstachtung? Die Bibel zeigt uns einen anderen Weg: Wir müssen nicht erst auf der moralischen Leiter ganz oben angekommen, untadelig und fehlerlos geworden sein, um bei Gott anzukommen. Gott ist hinuntergestiegen in unsere Verirrungen, Sünden und Fehler. Es gibt einen Weg der Umkehr und des Neuanfangs, der Vergebung, der Hoffnung trotz allem. Diese Perspektive ist eine Ermutigung, sich dem Leben zu stellen, weil Gottes Zusage uns trägt – und nicht unsere Fehlerlosigkeit.

Angst vor Konflikten

Mit einer getroffenen Entscheidung kann ich plötzlich allein stehen und in Widerspruch zu meinem allernächsten Umfeld geraten. Entscheide ich mich z.B. für meinen Traumberuf gegen den Elternwunsch, liegt der Konflikt auf der Hand. Meine Entscheidung stört die Harmonie, und das kann Angst auf beiden Seiten machen.
Wie viele Entscheidungen werden *nicht* getroffen aus Angst vor einem Konflikt? Unsere Entscheidungsfreudigkeit oder -schwierigkeiten stehen nicht selten in einer engen Beziehung zu unserer Konfliktfreudigkeit oder -scheu.

Angst vor Verzicht

Jede Entscheidung für einen Weg – jedes Ja – schließt ein Nein zu möglichen Alternativen ein. An einer Wegkreuzung kann ich nicht den Weg nach Süden und gleichzeitig den nach Westen gehen. Auf engstem Raum kann ich noch hin und her springen. Einen Weg werde ich so nicht gehen und auch an kein Ziel gelangen. Ich muss auf viele mögliche Wege verzichten, um den einen, den ich wähle, gehen zu können. Verzicht ist der Preis der Entscheidung.
Das gilt auch in Lebensentscheidungen: Halte ich alle Wege für möglich, bleibe ich im Möglichen stecken, und gehe keinen Weg wirklich. Ein Beispiel: Das Ja zu einem Lebenspartner ist das Nein zu möglichen anderen. Der Verzicht auf „alle Möglichen" ist allerdings der Gewinn des Einen.
Mut zum Verzicht können wir gut gebrauchen in einer Welt, die nach dem Motto lebt: *Wir wollen alles.* Könnten wir nicht dagegenhalten: „Alles zu wollen, heißt nichts zu bekommen"? Auch in Bezug auf die Glaubensentscheidung hat schon der Prophet Elia sein Volk zur Entscheidung aufgerufen: „Wie lange noch wollt ihr auf zwei Hochzeiten tanzen? Wenn der Herr der wahre Gott ist, dann gehorcht ihm allein! Ist es aber Baal, dann dient nur ihm!" Und das Volk sagte kein Wort (1. Könige 18,21).

Angst vor Verantwortung

Viktor Frankl hat es treffend gesagt: „Was ist nun Verantwortung? Dasjenige, wozu man gezogen wird und – dem man sich entzieht."[3] Gebe ich die Verantwortung ab oder entziehe mich ihr, kann ich auch nicht zur Verantwortung gezogen werden. Wenn es schief geht, trifft mich keine Schuld, ich bin aus dem Schneider. Aber als Menschen sind wir zutiefst verantwortlich, in dem Sinne, dass wir eine Antwort schuldig bleiben. Das Leben stellt die Fragen an uns, die wir zu beantworten haben. So entsprechen wir unserer Bestimmung. Wer glaubt, dass er bedingungslos angenommen ist und seine Lebensberechtigung in der Gnade Gottes zugesichert bekommen hat, der kann sich dem „Risiko" der Verantwortung gelassen stellen.

Impulsreferat 1: Welche Chancen liegen in der Entscheidung?

Entscheidungen sind Chancen zur Entfaltung meines Lebens

In jedem Anfang eines neuen Weges liegt die Chance, neue Entdeckungen zu machen. Traue ich mir neue Aufgaben zu, dann entdecke ich unter Umständen Begabungen und Fähigkeiten, die ich vorher nicht kannte. Ich wachse in eine Aufgabe hinein und entfalte mich zu einer Persönlichkeit. „Wer nicht wagt, der nicht gewinnt" – so sagt es der Volksmund. Das Wagnis eines neuen Schrittes bringt den Gewinn, Erfahrungen zu sammeln, meinen Wissenshorizont zu erweitern – und auch meinen Glauben zu vertiefen. Die Bibel berichtet immer wieder, dass den großen Glaubenserfahrungen ein Glaubenswagnis vorausgeht. Treffe ich Entscheidungen, dann bekomme ich als Mensch „Format". Entscheidungen bedeuten ein Ja und ein Nein. Ich zeige meine Grenzen und mache sie deutlich. Ein Mensch, der zu allem, was an ihn herangetragen wird, Ja sagt, zeigt kein eigenes Profil. Er will es jedem recht machen und verrät damit, dass er zutiefst von seiner Außenwelt gesteuert ist.

---

[3] Viktor Frankl, *Der Mensch vor der Frage nach dem Sinn*, R. Piper & Co. Verlag, München 1979, S. 216.

Entscheidungen sind Chancen zur Gestaltung meines eigenen Lebensraums

Eine weitere Chance eines „entschiedenen" Lebensstils ist die, dass ich meinen Lebensraum durch meine Entscheidungen aktiv gestalte. Mit der Entscheidung, wie ich mich einrichten will, welche Möbel ich mir kaufe, welche Bilder ich aufhänge usw. gestalte ich mir meinen Raum. Mit meiner Zeiteinteilung gestalte ich mir Zeiträume, die auch sehr unterschiedlich sein können: Zeit zum Arbeiten, freie Zeit zum Faulenzen, Zeit für Besuche, Zeit zum Lesen, Zeit zu zweit, Zeit mit den Kindern. Raum und Zeit, das sind unsere Wirklichkeiten, in denen wir Menschen leben und uns bewegen. Sie brauchen Gestaltung. Und sie bieten große Möglichkeiten, mit viel Phantasie und Kreativität schöpferisch zu werden.

Hinweis: In lebendigen und gesprächsfreudigen Gruppen lassen sich sicher auch die Chancen von Entscheidungen im Gespräch erarbeiten.

Lösungsideen: Was wäre mir eine Hilfe, um Entscheidungen besser treffen zu können?

Hier bietet es sich an, die Teilnehmerinnen selbst zu Wort kommen zu lassen. Jeder kann hier etwas aus der eigenen Erfahrung beisteuern. Selbst gefundene Lösungsideen haben eine viel größere Chance, auch umgesetzt zu werden. Die Beiträge werden auf Flipchart oder Tapetenrolle festgehalten und für alle sichtbar im Raum aufgehängt.

Was hilft mir, Entscheidungen zu treffen?

• Wie bekomme ich Klarheit über das Für und Wider?	• Was hilft mir, zu einer getroffenen Entscheidung zu stehen?
• ... (evtl weitere Differenzierung)	• ...

Impulsreferat 2: Welche Hilfen gibt es in Entscheidungssituationen?

Was in diesem Impulsreferat noch eingebracht wird, ist natürlich abhängig davon, welche Hilfen im Gespräch bereits genannt wurden.

Mir bewusst machen, was meine Maßstäbe sind

Die Frage nach Werten und Maßstäben ist auch immer eine religiöse. Als Christ werde ich mein Leben nach Christus ausrichten. Es gibt ethische Grenzen, an denen ich mich nicht mehr oder nur in einer ganz bestimmten Weise beruflich, gesellschaftlich oder politisch einsetzen kann. Das ist sicher ein sensibles Gebiet, und es gibt nicht immer ein klares „Ja" oder „Nein, bis hier nicht". Da geht es dann auch um persönliche Freiheiten, die in der Bindung an Jesus Christus und in der Verantwortung vor Gott konkretisiert werden müssen. Wenn doch nur ein Zeichen vom Himmel käme, ein ganz deutlicher Wink Gottes, dann könnte ich ja entscheiden! Das wünschen wir uns gerade in Entscheidungssituationen. Meistens geschieht das so nicht. Gott möchte, dass wir lernen, uns zu entscheiden. Erst im Rückblick auf unseren Weg erkennen wir die Führungen Gottes. Im Augenblick bin ich gefordert zu entscheiden. Und doch: Ich kann das tun im Vertrauen auf einen Gott, der es gut meint, der seine „Lebensgesetze" gegeben hat und der mich nicht im Stich lassen wird.

Ungeordnetes ordnen – Ideensammlung

Im Blick auf eine Entscheidung bewegen uns meist recht unterschiedliche Emotionen und Gedanken. Um sie gewichten zu können, muss ich mir erst einmal einen Überblick verschaffen.

Auf einem Blatt Papier kann ich alle Ideen notieren, die mir spontan durch den Kopf schießen (wie beim Brainstorming). Ich erlaube mir erst einmal alle Gedanken, alle Träume, auch wenn sie noch so unrealistisch zu sein scheinen, ohne sie zu bewerten. Ich assoziiere frei aufs Papier, ohne Überprüfung und „Ideenkiller": Das ist ja völlig verrückt. Das schaffst du ja nie. Wer soll das bezahlen? Das habe ich noch nie getan. Was sagen dann die Nachbarn/Eltern/...?

Einzelne Aspekte bewerten – Für und Wider

In einer Spalte sammle ich Argumente, die für, in einer zweiten solche, die gegen das geplante Vorhaben sprechen. Das ist Kopfarbeit und fordert Überprüfung meiner Ideen an der Realität. Wie weit reicht mein finanzieller Rahmen? Setzt mir meine Gesundheit Grenzen? Bin ich dieser Aufgabe aufgrund meiner geistigen und seelischen Möglichkeiten gewachsen?

Zusätzlich zu einer einfachen Plus/Minus-Liste muss ich mir noch überlegen, wie stark ich einzelne Aspekte in meiner Entscheidung gewichten will. Ist mir meine zeitliche Freiheit evtl. wichtiger als eine Gehaltserhöhung? Ist mir die Karriere mehr wert als die Familie? Je nach meiner persönlichen Wertskala werde ich einzelne Aspekte vielleicht mit doppelten oder dreifachen Plus- bzw. Minuszeichen versehen.

Ziele für mein Leben benennen

Entscheidungen zu treffen hat auch immer etwas mit Zielorientierung zu tun. Im Bild gesagt: Erst wenn ich eine Zielscheibe habe, kann ich einen „Treffer" landen. Dann brauche ich den richtigen Abstand, um überhaupt eine Möglichkeit zum Treffen zu bekommen. Eine zu große Distanz zieht eine Zielverfehlung automatisch nach sich.

Was kann das im übertragenen Sinn bedeuten? Ich sollte mir klar werden über meine Nah- und meine Fernziele und sie benennen. Ich sollte mich fragen: Was möchte ich in diesem Jahr, was in fünf Jahren erreichen? Auf dieses Ziel hin fällt es dann leichter, einzelne Entscheidungen zu treffen. Denn ein „Leben ins Blaue" – das kann manchmal mit „einem blauen Wunder" enden.

Rat suchen

Ein Gespräch gibt die Möglichkeit, andere Stimmen zu meinen Überlegungen zu hören. Vielleicht bin ich blind für einen entscheidenden Aspekt. Vier (oder mehr) Augen sehen einfach mehr als zwei.

Informationen sammeln

Manchmal fehlen einfach nur Fakten, um zur Entscheidung zu kommen. Sie schaffen Realitäten, mit denen ich mich auseinander setzen kann.

3. Abschluss: Gehe deinen Weg

Material: Segensworte, irische Musik (z.B. Cornelia Haverkamp (Hg.), Sonnenschein erwärme dein Herz. Irische Segenswünsche mit MusikCD. Brunnen, Gießen 2001.)

Für unseren Lebensweg mit seinen großen und kleinen Entscheidungen brauchen wir immer wieder Ermutigung.
Die zu Beginn des Abends ausgewählten Bilder mit den Wegen werden noch einmal in die Mitte gelegt. Wir werden noch einmal still und hören auf einige Segensworte aus Irland. Die Worte werden von verschiedenen Teilnehmerinnen vorgelesen. Man kann auch jede Teilnehmerin ein Kärtchen mit einem Segenssatz als persönlichen Zuspruch ziehen lassen, die dann ebenfalls vorgelesen werden. Leise meditative Musik kann im Hintergrund gespielt werden. Fröhliche irische Musik zum Abschluss bringt uns in Bewegung, uns unserem jeweiligen Weg beschwingt zuzuwenden.

Segensworte für den Weg[4]

Mein Wunsch für deine Lebensreise
Möge Gott auf dem Weg,
den du gehst, vor dir hereilen,
das ist mein Wunsch
für deine Lebensreise.
Mögest du die hellen Fußstapfen
des Glücks finden
und ihnen auf dem ganzen Weg folgen.

Möge Gott euch auf eurem Weg
immer auf gute Möglichkeiten stoßen lassen.

Irischer Reisesegen
Möge die Straße dir entgegeneilen,
möge der Wind immer in deinem Rücken sein.
Möge die Sonne warm auf dein Gesicht scheinen
und der Regen sanft auf deine Felder fallen.
Und bis wir uns wiedersehen,
halte Gott dich im Frieden in seiner Hand.

Deine Wege mögen dich aufwärts führen
Gott möge bei dir auf deinem Kissen ruhen,
dich schützend in seiner hohlen Hand halten.

Deine Wege mögen dich aufwärts führen,
freundliches Wetter begleite deinen Schritt.
Wind stärke dir deinen Rücken –
und mögest du längst im Himmel sein,
wenn der Teufel merkt, dass du fort bist.

4   Z.B. aus Herrmann Multhaupt, *Möge der Wind immer in deinem Rücken sein*,
    Alte irische Segenswünsche, Bergmoser + Höller, Aachen [21]2000.
    Cornelia Haverkamp (Hg.), *Sonnenschein erwärme dein Herz. Irische Segens-*
    wünsche. Mit Musik CD. Brunnen, Gießen 2001.

Möge Gott dir immer ein offenes Herz belassen.

Der Herr sei neben dir, um dich in seine Arme zu schließen.
und um dich zu schützen gegen Gefahren von links und rechts.

Gott begleite dich auf deinem Weg,
er gebe dir Kraft, wenn du krank bist,
er tröste dich, wenn du traurig bist,
und freue sich mit dir, wenn es dir gut geht.

Gott segne uns die Erde, auf der wir jetzt stehen.
Gott segne uns den Weg, den wir jetzt gehen.
Gott segne uns das Ziel, auf das wir zugehen.

Geh mir voraus als helles Licht,
sei ein Leitstern über mir,
sei ein sicherer Pfad unter meinen Füßen
und ein freundlicher Hirte hinter meiner Spur.
Heute, diesen Tag und diese Nacht und immerdar.

Möge dein Weg dir freundlich entgegenkommen,
Wind dir den Rücken stärken,
Sonnenschein deinem Gesicht viel Glanz und Wärme geben.
Der Regen möge deine Felder tränken,
und bis wir beide, du und ich, uns wiedersehen,
halte Gott schützend dich in seiner Hand.

Wie du im Anfang warst, als meine Wege begannen,
so sei du auch wieder am Ende meines Weges.
Wie du bei mir warst, als sich meine Seele formte,
sei du, Vater, auch für meinen Weg das Ziel.
Sei bei mir zu aller Zeit, ob ich liege oder stehe,
sei bei mir im Schlaf, sei mit denen, die mir lieb sind.

Ergänzende Bausteine

Alternative Einstieg: Einzelarbeit

Satzanfänge werden vervollständigt mit dem Ziel, den eigenen Umgang mit Entscheidungen bewusst zu machen oder Hilfestellungen für Entscheidungen zu entdecken.

Schwierigkeiten
- In Entscheidungssituationen befürchte ich, dass ...
- Ich vermeide Entscheidungen, weil ...
- Vor einer Entscheidung kommen mir Gedanken, die ...
- In der Entscheidungssituation fühle ich mich ...

Hilfestellungen
- Um eine Entscheidung treffen zu können, brauche ich ...
- Zur Entscheidung finde ich am besten, wenn ...
- Nicht zu vergessen ist, dass ...

Liedvorschläge

Geh unter der Gnade (NG 142, LfG 130)

Bibeltexte zur Vertiefung

- *5. Mose 30:* Mose fordert Israel auf, sich für Gott zu entscheiden
- *Apostelgeschichte 15:* Entscheidungsfindung in der Urgemeinde

Literaturhinweis

Ulla Schaible, *Entscheidungen treffen – aber wie?* Brunnen Verlag, Gießen 1997.
Gerald Sittser, *Du lässt mich Freiheit atmen. Wie Gottes Wille uns zu guten Entscheidungen führt.* Brunnen Verlag, Gießen 2002.

6. Leben mit leichtem Gepäck – Vom Umgang mit Sorgen

Thematischer Rahmen – Biblischer Horizont

Sorgen gehören zum Leben – es gibt wohl niemanden, der das quälende Gefühl der Sorge nicht kennt. Das kann zu bestimmten Zeiten intensiver sein, zu anderen können wir sorgloser leben. Aber immer wieder verstricken wir uns in Sorgen. Anlässe scheint es überall zu geben und manchmal kann man den Eindruck gewinnen, dass gerade Frauen eine besondere Affinität zu Sorgen haben: Sorgen um die Kinder, um die Familie, Sorgen um die Gesundheit, Ärger in der Nachbarschaft, Zukunftssorgen, Sorgen, ob wir unseren Aufgaben gerecht werden können ... Sorgen sind eine Kette negativer Gedanken, die uns belasten und bedrücken und unsere Lebensfreude und unseren Lebensmut beeinträchtigen oder ganz vertreiben können.

Auch die Bibel beschäftigt sich mit den Sorgen. Sie gehören zur Wirklichkeit des menschlichen Lebens. Aber Jesus bietet uns in der Bergpredigt eine Möglichkeit, mit ihnen umzugehen (Matthäus 7,24-34). Diese Verse machen deutlich, dass Gott uns Mut machen will, die Dinge in unserem Leben richtig zu gewichten. Er fordert uns heraus, die richtigen Prioritäten zu setzen.

Problemfelder und Blumenfelder wollen wir gegenüberhalten, die niederdrückende Kraft sorgenvoller Gedanken erkennen und uns anstecken lassen, von Jesus zu lernen, unsere Sorgen um uns selbst bei Gott abzugeben und uns dafür in Gottes Sorgen um diese Welt hineinnehmen zu lassen. So können wir mit leichtem Gepäck durchs Leben gehen.

Ziele

- Lebensbedürfnisse nennen
- Anlässe zur Sorge erkennen
- Blumenfelder als Zeichen des Sorgens Gottes für uns sehen lernen

- einen anderen Umgang mit Sorgen anhand von Matthäus 6,24-31 herausarbeiten
- Sorgen abgeben und Kraft schöpfen

Vorbereitung

- alter Koffer oder Rucksack
- etwas größere, glatte Kieselsteine, die man beschriften kann
- Bilder von Feld- und Wiesenblumen (art color Postkartensatz)
- große Glasschale mit Wasser
- Blumenstrauß mit größeren Blüten (z.B. Margeriten)
- Filzstifte, Schere
- Bibeltexte: Matthäus 6,24-34; Psalm 104 (Kopien)

Verlaufsskizze

1. Einstieg
Spiel: Kofferpacken   10 min.
Auswertung (Gruppengespräch)   5 min.

2. Erarbeitung
Aktion: Steine ausräumen   25 min.
Impulsreferat: Sorgen machen krank   5 min.
Gruppenarbeit: „Sorget nicht ...“   20 min.
Zusammenfassung/Auswertung   15 min.

3. Abschluss
Aktion: Steine versenken – Blüten setzen   15 min.

Durchführung

1. Einstieg: Das brauche ich zum Leben

Material: Koffer, Steine

Spiel: Kofferpacken

In die Mitte stellen wir einen geschlossenen, mit Steinen gefüllten Koffer. Symbolisch ist er unser Lebenskoffer. Hier hinein packen wir alles, was wir zum Leben brauchen. Alle Ideen sind erlaubt, der Kreativität sind keine Grenzen gesetzt.

Spielregel: Die erste Teilnehmerin beginnt mit dem Satz: „Ich packe meinen Koffer und nehme mit ... (nennt einen Begriff) ... z.B. eine Portion Humor." Die nächste Teilnehmerin fährt fort, beginnt mit dem Satz: „Ich packe meinen Koffer ..., wiederholt den Begriff ihrer Vorgängerin und fügt einen neuen hinzu. Wer sich beim Wiederholen des schon Gesagten verheddert, scheidet aus.

Auswertung des Spiels
Eine kurze Reflexion darüber, was während des Spiels auffiel.

Mögliche Impulse
- Welche Aspekte sind zusammengetragen worden?
- Gibt es dabei etwas Überraschendes?
- Gibt es ähnliche Bedürfnisse unter uns?

2. Erarbeitung: Vom Umgang mit Sorgen

Material: mit Steinen gefüllter geschlossener Koffer, Stifte

Aktion: Steine ausräumen

Hinführung: Wir haben zusammengetragen, was wir zum Leben brauchen. Unsere Bedürfnisse sind dabei genannt worden. Die Erfahrung zeigt aber, dass sich in unseren Lebenskoffer auch Dinge einschleichen, an denen wir schwer tragen und nach denen wir so gar keinen Bedarf haben. Sorgen belasten und bedrücken uns; sie wiegen manchmal schwer wie Steine.

Einige Teilnehmerinnen werden aufgefordert, den Koffer zu tragen. Die Erfahrungen dabei werden genannt, z.B.

- Der Koffer ist überraschend schwer.
- Wir spüren sein Gesamtgewicht.
- Wissen nicht, warum er so schwer ist.

Jetzt wird der Koffer geöffnet und die einzelnen Steine ausgeräumt – auch das mit begleitendem Gespräch:

- Ich muss den Koffer abstellen, um ihn öffnen zu können.
- Ich muss innehalten, Pause machen, Platz schaffen.
- Ich kann mir ansehen, was drinnen ist.
- Ich finde eine Begründung dafür, warum er so schwer ist.
- Ich sehe mir die Wirklichkeit der Last an.
- Ich kann sie Stein für Stein abtragen, differenzieren zwischen großen und kleinen Steinen.
- Aus meiner großen Last werden lauter kleine Teillasten.

Die ausgebreiteten Steine bilden nun eine kleine Steinwüste, einen steinigen Acker, rund um unseren Koffer. Symbolisch stehen sie für unser Problemfeld: Sorgen.

Wir wollen diesen einzelnen Steinen Namen geben. Unsere Sorgen sollen nicht mehr wie ein riesiges Sorgenpaket vor uns liegen, sondern als „Einzelsteine" gesehen werden. Wir sprechen die Bereiche im Leben an, die uns niederdrücken, die uns belasten und über die wir uns Sorgen machen. Jede Teilnehmerin sollte Zeit haben, für sich selbst erst einmal zu überlegen, was das im Einzelnen ist.

Impuls: Worüber mache ich mir zurzeit Sorgen? Was belastet mich?

Problemfelder „ordnen"

Nachdem alle Steine beschriftet sind, sehen wir uns die Ergebnisse an und versuchen, sie in Gruppen zu ordnen. Diesen Gruppen geben wir eine Überschrift. Dabei kommt möglicherweise Folgendes heraus:

- Familie
- Zukunft

- Geld
- erwachsene Kinder
- Krankheiten
- politische Situation

Impulsreferat: Sorgen machen krank

„Die Mediziner versuchen, uns immun zu machen gegen gewisse Krankheiten, indem sie uns ein Serum einspritzen. Wenn Menschen ohne Glauben und Vertrauen im Leben stehen, dann muss ein Glaubensserum ganz tief in ihr Bewusstsein eingespritzt werden, das sie immun macht gegen unbegründete Angst und Sorge. Behalte im Sinn, dass positiver, geistiger Glaube ebenso wie das Negative ansteckend sind."[5]

So sagt es der Arzt Klaus W. Schneider und kommt zu dem Schluss: Unbegründete Angst und Sorgen sind

- die bedeutungsvollste und folgenreichste seelische Krankheit unserer Zeit
- eine der wichtigsten, vielleicht die wichtigste Ursache körperlicher Krankheiten
- mit einer ansteckenden Infektionskrankheit zu vergleichen.

Die Infektiosität negativer Gedanken

Dringt ein Virus erst einmal in unseren Körper ein, dann vermehrt er sich. Genauso geht es mit Sorgen und negativen Gedanken. Haben sie erst einmal in unserem Denken und Empfinden Fuß gefasst, dann vermehren sie sich und breiten sich unbegrenzt aus. Sorgenvolle Menschen grübeln stunden- oder tagelang über kleine Missgeschicke, malen sich völlig überzogene Folgen aus und entfernen sich mehr und mehr von einer realistischen Einschätzung der Situation.

Hören wir noch einmal den Arzt: „Psyche und Körper reagieren einheitlich: Negative Emotionen, die nicht naturgemäß im Kampf zur Abwehr der auslösenden Ursachen verbraucht, sondern im ‚Inneren' hochgepäppelt werden, müssen im Körper umgesetzt werden. Es

---

5   Zitiert in Klaus W. Schneider, *Stell dir vor, es geht*; Herder, Freiburg 2002, S. 155.

entstehen funktionelle und schließlich fixierte Störungen an vorge-
schädigten Organen."[6]
Mit anderen Worten: Negative Gedanken können einen Einfluss auf
unseren Körper nehmen und zu körperlichen Beschwerden führen.

Somatische Auswirkungen

Das Zusammenspiel von Körper und Seele ist schon lange kein
Geheimnis mehr. Wir brauchen nur an all die vielen Redensarten und
Sprichwörter, die Jahrhunderte alte Erfahrungen und oft tiefe Weis-
heiten kondensierten, zu denken. Hier eine kleine Auswahl:

> *„Ich habe etwas auf dem Herzen."*
> *„Mir blutete das Herz."*
> *„Das habe ich mir zu Herzen genommen."*
> *„Mir fiel vor Angst das Herz in die Hose."*
> *„Das verschlug mir den Atem."*
> *„Mir blieb vor Schreck die Luft weg."*
> *„Ich musste viel schlucken im Leben."*
> *„Das Problem war ein harter Brocken."*
> *„Ich kann das Problem nicht verdauen."*
> *„Vor Ärger geht mir die Galle über."*
> *„Da ist mir eine Laus über die Leber gelaufen."*
> *„Ich werde gleich sauer."*
> *„Das Problem liegt mir im Magen."*
> *„Das Problem bereitet mir Kopfschmerzen."*
> *„Vor lauter Sorgen lasse ich den Kopf hängen."*
> *„Ich spürte die Angst im Nacken."*

Ansteckungsgefahr

Ist ein Mensch an einem Virus erkrankt, besteht die Gefahr, andere
anzustecken. Ebenso wirken negativ denkende Menschen infektiös auf
ihre Mitmenschen. Schon durch die Körpersprache – Minenspiel,
Gestik, Haltung – verbreiten sie eine niederdrückende, pessimistische
Atmosphäre. Manchmal hat man den Eindruck, als fühlten sie sich
dann erst etwas besser, wenn es anderen noch schlechter ginge.

---

[6] a.a.O., S. 156.

Impfstoff gegen Sorgen

Bleiben wir im Blickwinkel der Medizin, dann stellt sich die Frage nach einem wirkungsvollen Impfstoff gegen den Virus Sorgen und negative Gedanken. Es gibt wohl einige Arzneien auf dem Markt: Übungen zur Entspannung, Programme zur Veränderung des emotionalen Erlebens, Trainingsprogramme zum Positiven Denken ...
Wir werden einen Blick in die Bibel werfen. Die Krankheit der Sorgen ist seit mehr als 2000 Jahren bekannt. Jesus hat darüber gesprochen und einen Impfstoff gekannt.

Aktion: „Seht die Blumen auf den Feldern"

Zwischen die Steine legen wir nun die Postkarten mit den Blumenbildern. Von unseren steinigen Lebensäckern und Problemfeldern wenden wir uns nun den „Vertrauensoasen" und den Blumenfeldern zu. Die Bilder sollen einladen, die Schönheit und Vielfalt der einfachen Feld- und Wiesenblumen zu entdecken. Die Blumen stehen für Lebendigkeit und Kreativität, für Unbeschwertheit und ein vertrauensvolles Blühen im Augenblick, für die Leichtigkeit, mit der sie fast von selbst wachsen und Blüten treiben. Sie bilden einen Gegensatz zu den Steinen und sind die Vorbereitung für die Erarbeitung des Bibeltextes.
Jede Teilnehmerin kann sich – nach einer kurzen Betrachtungspause – eine Karte auswählen.

Gruppenarbeit: „Sorget nicht für euer Leben ..." Matthäus 6,24-34

Der Text wird vorgelesen. Das anschließende Gespräch kann sich an folgenden Fragen orientieren:

Gesprächsimpulse
1. „Seht die Blumen an ..."
   Was hat Sie an den Blumenbildern besonders angesprochen?
   Wofür sind die Blumen ein Bild?
2. Wie gehen Sie normalerweise mit Sorgen um?

3. Was meint Jesus, wenn er sagt, wir sollten uns keine Sorgen machen? Welche Art von Sorgen will Gott uns abnehmen?
4. Wie gehören Gottvertrauen und eigene Vorsorge zusammen? Wie verstehen Sie den Vers 33?

Zusammenfassung: Leben mit leichtem Gepäck

Wir schreiben alle Aufforderungen des Textes noch einmal für alle sichtbar auf einem Plakat / Flipchart o.Ä. untereinander. Jetzt wird die Dynamik deutlich. Jesus nennt zunächst die Haltung gegen Sorgen als klare Anweisung: Sorget nicht. Und dann beschreibt er den Weg, wie man dazu kommen kann.

- Sorget euch nicht um euer Leben.
- Seht euch die Vögel an ... euer Vater versorgt sie.
- Seht euch die Blumen an ... Leben bedeutet mehr als Essen.
- Also hört auf, voller Sorge zu denken ...
- Gebt Gott nur den ersten Platz.
- Habt keine Angst vor der Zukunft.

Seht euch die Vögel an ... euer Vater versorgt sie
Das heißt doch zunächst einmal: Haltet die Augen offen. Es geht darum, die Fixierung auf negative Gedanken loszulassen und den Blick zu verändern, für Abstand zum Problem zu sorgen. Vielleicht wirklich einmal, wenn Sorgen uns niederdrücken, hinausgehen in die Natur und einen Blick in die Schöpfung tun, die Vögel am Himmel beobachten. Die aufmerksame Wahrnehmung kann uns dazu führen, hinter der Schöpfung Gott zu sehen und sie in Verbindung zum eigenen Leben zu deuten: Gott versorgt die Vögel. So sollten wir Vertrauen fassen, dass Gott auch uns versorgt. Wir können unsere Sorgen an ihn abgeben.

Seht euch die Blumen an ... Leben bedeutet mehr als Essen.
Einen Blick auf die Erde und die Wiesen werfen, auch das ändert die Perspektive. Jesus weist hier darauf hin, dass es noch andere Werte gibt als nur die Versorgung mit äußeren Dingen. Es gibt Schönheit, Kreativität, Kunst ... alles Gaben an uns, für die wir auch noch einen

Blick haben sollten. Sorgen können den Blick für die Schönheiten im Leben völlig verdecken.

Also hört auf, voller Sorge zu denken ... Gebt Gott nur den ersten Platz.
Der Weg zu einem von Sorgen befreiten Leben führt über einen Prioritätenwechsel in meinem Leben. Stehen die Sorgen auf Platz Nr. 1 in meinem Leben, dann haben sie viel Macht. Wenn ich Gott an die erste Stelle setze, entthrone ich meine negativen Gedanken. Dann gebe ich den Dingen in meinem Leben die angemessene Bedeutung zurück. Steht das Vertrauen zu Gott an erster Stelle, dann weiß ich mich getragen und muss mein Leben nicht von den Dingen abhängig machen, die in dieser Welt so wichtig erscheinen. Ein Leben mit Gott dagegen bedeutet sich zu öffnen für die Gaben, die er durch seinen Geist schenken will: Freude, Friede, Glaube, Liebe, Hoffnung (vgl. 1. Korinther 13,13 und Galater 5,22). Unsere Sorgen um uns selbst, die zutiefst Zukunftsängste und Existenznöte sind, sind in der Beziehung zu Gott gut aufgehoben – nicht immer aufgehoben im Sinne von ausgelöscht, aber im Sinne von bewahrt.

3. Abschluss: Steine versenken – Blüten setzen

Material: Blumenstrauß, Wasserschale, Schere, Musik
Text: Psalm 104

Für die Abschlussrunde benötigen wir eine große Glasschale, die wir mit Wasser füllen. Es sollte wirklich Glas, bzw. durchsichtig sein.
Die Steine liegen nach wie vor in der Mitte. Restliche Blumenkarten räumen wir fort und stellen nun einen Feldblumenstrauß (möglichst Margeriten) in die Mitte.
Schere bereithalten und evtl. leise meditative Musik.

Erste Runde: Steine versenken. In der ersten Runde haben wir Gelegenheit, unsere „Sorgen" abzugeben. Die Teilnehmerinnen suchen einen Sorgenstein aus der Mitte. Reihum lesen sie noch einmal vor und legen „ihren" Stein vorsichtig in die Wasserschale. Über allen genannten Sorgensteinen kann auch eine Gebetsgemeinschaft angeregt werden.

Zweite Runde: Blüten setzen. Die Blumen setzen wir auf die Wasser-
oberfläche als Erinnerung für die Zusage Gottes, für unsere Lebens-
bedürfnisse zu sorgen, als Zeichen für aufblühende Lebensfreude und
Unbeschwertheit – wenn die Sorgen abgegeben sind.
Die Teilnehmerinnen schneiden die Blütenköpfe ab und setzen die
Blüte auf die Wasseroberfläche.
Zum Abschluss dieser Blütenrunde lesen wir Psalm 104 vor oder
schließen eine Lob- und Dankgebetsgemeinschaft an.
Zum Schluss hören wir auf das Lied: „Sorgt euch nicht" von Johan-
nes Nitsch und Christof Zehendner (auf der CD „Felsenfest", PILA
Music GmbH).

> **Sorgt euch nicht**
> *Rafft euch nicht Reichtümer*
> *im Überfluss zusammen,*
> *wenn ihr viel Geld habt,*
> *hängt euer Herz nicht dran.*
> *Doch wenn ihr euch von ganzem Herzen*
> *auf Gott verlasst, bekommt ihr Schätze,*
> *die euch niemand nehmen kann.*
>
> *Schaut euch die Lilien an*
> *die auf den Feldern stehen,*
> *wie Diamanten schön, ein Werk voll Phantasie.*
> *Und selbst das allerfeinste Kleid,*
> *das Menschen tragen,*
> *ist ganz bestimmt nicht einmal halb so schön.*
>
> *Fragt euch nicht – womit werden wir uns kleiden?*
> *Sorgt euch nicht – womit füllen wir den Bauch?*
> *Setzt euch zuerst für Gottes Sache ein –*
> *Er gibt euch, was ihr braucht.*
>
> *Seht die Vögel an, ihr könnt von ihnen lernen.*
> *Sie schleppen sich nie einen Vorrat in ihr Nest.*
> *Doch sie bekommen immer soviel, wie sie brauchen.*
> *Weil Gott ihr Schöpfer sie nicht Hunger leiden lässt.*

Fragt euch nicht ...

Ihr könnt beim besten Willen nicht zwei Herren dienen.
Ihr werdet immer nur für einen brauchbar sein.
Sucht nach Geld und Dienst für Gott
gehen nicht zusammen.
Darum entscheidet euch – und setzt euch für Gott ein.

Text: Christoph Zehendner
Musik: Johannes Nitsch

Weitere Bausteine

Liedvorschläge

- Du bist mein Zufluchtsort (NG 53, LfG 438, LL 110)
- Fürchte dich nicht, gefangen in deiner Angst (EG 643)
- Meine Hoffnung und meine Freude (NG 129, LL 118)
- Meine Zeit steht in deinen Händen (EG 644, NG 131, LfG 336)
- Von guten Mächten treu und still umgeben (NG 130, GLB 685, LfG 166)

Vorlesegeschichte zum Abschluss

Ab und zu einmal lächeln

Es war einmal ein kleines Lächeln, das machte sich auf den Weg, um zu sehen, ob es nicht jemanden fände, wo es wohnen könnte. Es traf ein kleines Augenzwinkern, das auch nicht viel größer war. Sofort fühlten die zwei sich zueinander hingezogen. Sie gaben sich die Hand und zogen gemeinsam weiter. Sie waren noch nicht sehr weit gegangen, da trafen sie zwei kleine Lachfältchen. Die fragten, wohin der Weg ginge, und gingen mit. Da kamen sie in einen großen Wald, und unter einem Baum sahen die vier Freunde eine alte Frau sitzen, die allein war und sehr traurig aussah. Die vier verständigten sich kurz und guckten dann, ob die alte Frau noch Platz für sie hätte. Heimlich und lautlos versteckten sich die zwei Lachfältchen und das Augen-zwinkern unter den Augen, und das Lächeln krabbelte unter den Mundwinkel. Da kitzelte es die Frau, sie stand auf, und merkte plötz-lich, dass sie nicht mehr so traurig war, und sie ging hinaus aus dem Wald auf eine große Wiese, wo es hell und warm war.

Dem ersten Menschen, den sie traf, schenkte sie befreit ein kleines, klitzekleines Lächeln, zwinkerte dabei mit den Augen, und die Lach-fältchen fühlten sich richtig wohl.

7. „Auf dein Wort hin ..." – Vertrauen lohnt sich: Gott füllt uns die Hände

Thematischer Rahmen – Biblischer Horizont

Wem kann man denn heute noch trauen? Wer oder was ist vertrauenswürdig? Glaubt man dem Volksmund, dann darf man keinem über dreißig trauen. Schlägt man sich auf die Seite der Kontrollinstanzen, dann sollte man gar nicht erst Vertrauen fassen, denn hier heißt es: Vertrauen ist gut, Kontrolle ist besser.

Aber Vertrauen gehört zum Menschsein – das sehen wir an den Kindern. Wir sind fasziniert von ihrem Vertrauen. Ohne Vertrauen verarmt das Leben, ja, es ist gar nicht möglich. Wir haben nicht die totale Kontrolle über das Leben. Wem traue ich?

Die Bibel beschreibt die Beziehung des Menschen zu Gott als eine Vertrauensbeziehung. Glauben – das heißt nicht: dogmatische Richtigkeiten unterschreiben. Es bedeutet: mein ganzes Vertrauen auf Gott setzen. Kann ich Gott (noch) vertrauen? Ist er wirklich immer für mich da? Meint er es wirklich gut mit uns? Auch dann, wenn das Leben schwer wird? Wenn Träume zerbrechen und Hoffnungen begraben werden müssen? Wie soll ich ihm trauen?

Die Geschichte von der Berufung des Petrus (Lukas 5,1-11) will uns einladen, unser Vertrauen zu erneuern. Wir lesen die Geschichte unter dem Gesichtspunkt, wie sich Vertrauen entwickelt und äußert. Mitten im Alltag, in seiner „Werkstatt" sozusagen, am Ufer des Sees wird hier ein Mensch bei der Ausübung seines Berufs von der Wirklichkeit Gottes überrascht. Nicht in weltabgeschiedener Versenkung findet Petrus zu Jesus, nein, er ist bei seiner Arbeit, als er zu neuen Aufgaben gerufen wird. Mitten im Alltag erweist sich Jesus als der, dem Petrus vertrauen kann. Und das geschieht schrittweise:

1. Petrus steht vor seinen leeren Netzen und muss sich der Erkenntnis stellen: Umsonst gearbeitet.
2. Petrus lässt sich von Jesus um einen Gefallen bitten. Es entsteht ein erster Kontakt.

3. Petrus hört auf die Aufforderung Jesu und tut, was er tun kann: Er wirft sein Netz aus.

4. Petrus erlebt, wie Gott seine Netze füllt.

5. Petrus gewinnt eine neue Einsicht über Jesus und über sich selbst. Daraufhin lässt er sich auf einen weitergehenden Ruf Jesu ein und verändert sein ganzes Leben.

So kann es uns auch manchmal gehen: Wir haben leere Hände, nichts vorzuweisen, wenig Erfolg, obwohl wir uns nach Kräften eingesetzt haben. Gerade in einer solchen Situation spricht Jesus Petrus an und bittet ihn um einen Gefallen. So ermöglicht er ihm ein erstes Kennenlernen. Das Zuhören löst etwas in Petrus aus: Es entsteht eine erste Beziehung zu Jesus. Und die veranlasst ihn, später seiner Aufforderung, die Netze auszuwerfen, nachzukommen. Eine kleine Gefälligkeit, ein kleiner Vertrauensschritt, führt zu einem weiteren. Und dieser schließlich zu einer überwältigenden Erfahrung, in der Petrus etwas Neues erkennt über Jesus und über sich selbst. Aber damit ist der Weg wachsenden Vertrauens noch nicht zu Ende. Jesus ruft Petrus von seinen Netzen fort in seine Nachfolge – und jetzt ist Petrus bereit, diesem Ruf zu folgen.

Oftmals sind es gerade unsere Grenzerfahrungen, in denen Jesus uns anspricht. Er ermutigt uns, nicht aufzugeben, sondern danach Ausschau zu halten, wo er sich uns neu zeigen will. Er fordert uns auf, unsere „Netze" auszuwerfen, das, was wir an Ressourcen haben, einzusetzen, die Gaben und die Mittel, die uns zur Verfügung stehen, auch zu nutzen. Wenn aller Augenschein dagegen spricht, dass solcher Einsatz sich lohnt, dann kann die treibende Kraft zu solchem „Dennoch"-Handeln das Vertrauen auf Gott sein. Wir lassen uns von den Vertauensschritten des Petrus ermutigen, ähnliche Schritte zu wagen und so uns selbst und Jesus immer besser kennen zu lernen und unseren Vertrauensspielraum zu erweitern.

Ziele

- die Geschichte der Berufung des Petrus kennen lernen
- nach Erfahrungen von Gottes Handeln und Reden in unserem Alltag fragen
- sich darüber bewusst werden, auf welcher Basis das eigene Vertrauen gründet

- nachvollziehen, was Petrus in der Begegnung mit Jesus über Jesus und über sich selbst erkannte
- sich von der Erfahrung des Petrus zu neuem Vertrauen ermutigen lassen

Vorbereitung

- dunkelblaues Tuch für das Wasser
- großes Netz (gibt es in Dekorationsläden oder auch in der Stoffabteilung in Kaufhäusern vom Meter)
- einige Uferpflanzen, Steine, Schilf etc.
- Wenn möglich: Boot aus Holz; Biblische Erzählfiguren: zwei Fischer, Jesus
- Bibeltext: Lukas 5,1-11; Fragenkatalog (Kopien für alle Teilnehmerinnen)
- Stationen: Drei verschiedenfarbige Tücher, verschiedene Bilder von Händen (leere, arbeitende, gefüllte, ggf. weitere Gegenstände s.u.)
- je ein 3-seitiges Leporello zur freien Gestaltung für jede Teilnehmerin
- Buntstifte

Verlaufsskizze

1. Einleitung
Symbol Netze (Gruppengespräch)   5 min.

2. Erarbeitung
Textpräsentation Lukas 5,1-11   5 min.
Gruppengespräch (ggf. Kleingruppen)
Fragenkatalog zum Text   20 min.
Stationen   35 min.

3. Abschluss
Austausch, Vorstellung der Leporellos   20 min.
Textlesung   5 min.

Durchführung

1. Einleitung

Material: dunkelblaues Tuch, Netz
Den Rahmen des Themas bildet die Szene am Ufer des Sees Genezareth. In die Mitte des Raumes bzw. Stuhlkreises legen wir zunächst das dunkelblaue Tuch und das Netz und deuten so die Szene an. Das Netz als Symbol steht im Mittelpunkt der Einleitung.

Gesprächsimpulse
- Ein Netz – was verbinden Sie damit? Wozu wird es verwendet?
- Besitzen Sie ein Netz? Erinnern Sie sich noch an selbst gehäkelte Netze aus der Schulzeit?
- Was bedeuten Netze für einen Fischer?

2. Erarbeitung

Material für die Uferlandschaft, Biblische Erzählfiguren, Text: Lukas 5,1-11, Fragenkatalog
Nun muss es uns gelingen, die Teilnehmerinnen innerlich an den See Genezareth zu „entführen". Dort spielt die Biblische Geschichte. Die „Mitte" gestalten wir mit den Materialien für eine Uferlandschaft. Dabei bleibt das Netz nach wie vor wesentlicher Blickfang.
Der Text wird vorgelesen. Wenn Sie als Gruppenleiterin erzählerisch begabt sind, können Sie sich auch durch eine moderne Bibelübersetzung anregen lassen, die Geschichte zu erzählen. Evtl. wird Gelegenheit gegeben zu spontanen Äußerungen. Anschließend werden die Fragen des Fragenkatalogs bearbeitet. In Gruppen von mehr als sechs Personen empfiehlt es sich, dazu Kleingruppen von vier Teilnehmerinnen zu bilden (dazu Texte für alle Teilnehmerinnen). Weisen Sie darauf hin, dass die Kleingruppen anschließend kurz (!) das Wichtigste aus ihrem Gespräch im Plenum wiedergeben sollen.

Fragen zum Text

1. Wie geht es Simon Petrus wohl an diesem Morgen?

2. Petrus lässt sich von Jesus ansprechen und erweist ihm einen Gefallen. Er stellt ihm sein Boot zur Verfügung. Warum tut er das wohl?

3. Jede Berufserfahrung eines Fischers spricht dagegen, mitten am Tag zum Fang auszufahren. Was bringt Petrus dazu, es trotzdem zu tun – selbst auf die Gefahr hin, sich lächerlich zu machen?

4. Kennen Sie vergleichbare Situationen, in denen Sie den Eindruck haben, alle Ihre Mühe umsonst zu investieren? Wie gehen Sie in der Regel damit um? Woher nehmen Sie die Motivation trotz Widerständen und Misserfolg weiter zu machen?

5. Haben Sie schon einmal erlebt, dass es sich lohnt, Jesus zu vertrauen? Erinnern sie sich an derartige Situationen aus Ihrem Leben?

6. Petrus macht einen überwältigenden Fang. Hat er vorher Probleme mit dem leeren Netz, so hat er jetzt Schwierigkeiten mit dem vollen Netz. Er geht fast unter. Was geht in ihm vor?

7. Kennen Sie die Erfahrung, dass Ihnen etwas ganz Neues über einen anderen Menschen aufgeht? Haben Sie in der Begegnung mit Jesus auch schon einmal etwas ganz Neues über sich selbst entdeckt?

Stationen

Material: ein Leporello für jede Teilnehmerin, Buntstifte
Für die Stationen: Bilder, Fotos, Kalenderblätter von Händen: leere
Hände, arbeitende Hände, gefüllte Hände, evtl. weitere Hand-Motive

Folgende Stationen sollten im Raum gestaltet werden:

Station 1: Leere Hände (Bilder, Fotos, Kalenderblätter von leeren Händen, dazu evtl. löchrige Gefäße, zerrissene Netze, alles, was Vergeblichkeit und Enttäuschung symbolisieren kann).

Station 2: Arbeitende Hände (entsprechende Bilder und weitere Materialien, z.b. Terminkalenderblätter, Werkzeuge u.Ä.)

Station 3: Gefüllte Hände (entsprechende Bilder. Außerdem evtl. Früchte, verpackte Geschenke oder andere Symbole)
Es empfiehlt sich, die verschiedenen Stationen im Raum schon vor Beginn des Abends zu gestalten, um Unruhe und Ablenkung zu vermeiden.

Wenn in Kleingruppen gearbeitet wurde, kann vor dem Stationenrundgang kurz (!) auf Wichtiges aus den einzelnen Gruppen eingegangen werden.

Einführung zu den Stationen

Manchmal haben wir den Eindruck, wir stehen mit leeren Händen da wie Petrus mit seinen leeren Netzen. Nichts haben wir vorzuweisen; was wir uns vorgenommen hatten, ist uns nicht gelungen. Wir fühlen uns leer. Das ist nicht immer leicht auszuhalten. Lieber hätten wir etwas in der Hand. Lieber sind wir Sieger im eigenen Lebenshaus. Aber: Auch unsere leeren Hände dürfen wir Jesus hinhalten.
Manches schenkt uns Jesus ohne unser Zutun. Und dann gibt es Situationen, da möchte er, dass wir die Hände nicht in den Schoß legen.

Er möchte uns auffordern aufzustehen, unsere Kräfte einzusetzen, alle unsere Fähigkeiten zu nutzen, unsere Gaben einzubringen, unser Fachwissen anzuwenden und nicht tatenlos herumzusitzen. Jesus holt uns heraus aus der Resignation. Er ruft uns zurück an den Arbeitsplatz, in unseren Alltag, in die ach so enttäuschenden Verhältnisse. Und dann erleben wir manchmal völlig überraschend, wie uns die Hände gefüllt werden.

Wir spüren, dass unser Tun und unsere Mühe gesegnet sind. Oder wir erleben, dass wir selbst in Enttäuschungen geborgen sind in der Zusage seiner Liebe. Jesus hat uns nichts anderes versprochen, als dass wir bei ihm ein gefülltes Leben, ein Leben in Fülle, haben. Es ist die Frage, ob wir das glauben wollen, oder ob wir misstrauisch daran festhalten, Gott wolle uns etwas vorenthalten.

Vertrauen wir doch, dass Gott uns ein gefülltes, ein erfülltes Leben geben möchte. Vertrauen wir darauf, dass er unsere leeren Hände füllt.

Die Teilnehmerinnen haben nun Zeit, an den einzelnen Stationen entlang von den „leeren" zu den „gefüllten" Händen zu wandern. Stifte liegen bereit, sie können ihr Leporello gestalten: Bilder malen, ein Gebet schreiben, einen Brief an sich selbst verfassen oder einen Tagebucheintrag ... vielleicht fällt ganz Kreativen sogar ein Gedicht oder ein Lied ein?

Leporello (beim Kopieren bitte vergrößern)

Meine gefüllten Hände
Meine arbeitenden Hände
Meine leeren Hände

3. Abschluss: Gott füllt uns die Hände

Austausch: Die entstandenen Leporellos können im Plenum vorgestellt und von der jeweiligen „Künstlerin" erläutert werden – das ist
natürlich freiwillig.
Zum Abschluss hören wir noch auf einen Text von Herrmann Traub.

Nun geh deinen Weg

Wir haben schon
Den ganzen Tag
Und oft
Die halbe Nacht
Gearbeitet
Geschuftet
Geschwitzt
Und doch nichts
im Netz gehabt

Wir haben bereits
Mit ganzem Willen
Und aller Kraft
Uns
Eingesetzt
Ausgesetzt
Zwischen alle Stühle
Gesetzt
Um einen für dich zu gewinnen

Wir kennen schon
die ganzen Tricks
um auch noch den Letzten
zu motivieren
interessieren
animieren
doch wenigstens manchmal
ein wenig Christ zu sein.

Mitten in dieses
Vergebliche Tun
Zermürbender Arbeit
Trifft uns dein Auftrag
Neu:
Werft das Netz aus
Streut Samen
Tragt das Wort hinaus
In meine Welt

Dann sage ich
trotz
aller Erfahrung
tiefer Bedenken
nagender Zweifel:

Aber
Auf dein Wort hin
Nehme ich das Netz
Und werfe es aus

5. Ergänzende Bausteine

Liedvorschläge

Steig in das Boot (NG 92)
Du hast gesagt: Ich bin der Weg (GLB 317)
Glauben heißt wissen, es tagt (GLB 540)
Vertraut den neuen Wegen (EG 395)
Immer auf Gott zu vertrauen (LfG 281)
Herr, weil mich festhält deine starke Hand (GLB 470, LfG 378)
Wer Gott folgt, riskiert seine Träume (NG 134, GLB 492, LfG 381)

8. Weinen hat seine Zeit –Trauerwege verstehen

Thematischer Rahmen – Biblischer Horizont

Übergangszeiten in der Natur bergen oft gegensätzliche Botschaften. Der Herbst hat diese zwei: Fallen und Halten, Loslassen und Festhalten. Beides finden wir im Herbst: Leere Stoppelfelder, aber auch volle Scheunen, fallende Blätter, aber auch reife Früchte. Die Laubbäume leuchten noch einmal auf in Rot, Gold und Braun, bis dann die ersten Herbststürme die Blätter davontragen und sie der Erde zurückgeben. Insofern nimmt gerade diese Jahreszeit Empfindungen auf, die Menschen in einer Verlust- oder Trauerkrise bewegen. Im Trauerprozess geht es auch um die Spannung zwischen Loslassen, Abschiednehmen und Festhalten, auf einer neuen Ebene in Erinnerung bewahren.

Der Herbst ist auch die Jahreszeit, die uns an das Sterben erinnert. „Allerseelen" am 2. November ruft katholische Christen an die Gräber, der letzte Sonntag im Kirchenjahr, volkstümlich „Totensonntag", eigentlich Ewigkeitssonntag, richtet die Gedanken evangelischer Christen auf diese Themen.

Trauer hat viele Gesichter: Sie ist befreiend und sie schmerzt, sie ist lebensfördernd, aber auch lebensbedrohlich. Klagen und Weinen, Ängste und Schuldgefühle begleiten Trauerwege. Und zutiefst sind es Erfahrungen, die unseren Lebenssinn infrage stellen. Dass wir Verluste erleben, liegt nicht in unserer Hand, aber wie wir damit umgehen, das können wir gestalten. Abschiede und Verluste, die wir annehmen, in unser Leben integrieren, können dann auch lebensfördernd sein. Spalten wir sie aber ab und lassen sie nicht zu, können sich daraus Probleme entwickeln.

Wie gehen wir mit der Realität des Todes, mit der Erfahrung von Verlusten um? In unserer Gesellschaft bemüht man sich häufig, das Thema auszuklammern oder „weiß anzustreichen". Dann wird der Tod als organischer Punkt im Leben beschrieben, den es nur zu akzeptieren gilt; fast stoisch wird er hingenommen. Oder man versucht, dagegen zu rebellieren und den Tod als Realität möglichst aufzuheben, zumindest aber aus dem Alltagsleben zu verdrängen. Gestorben wird im Abseits.

In der Bibel begegnet uns die Realität des Todes als Folge des Sündenfalls. Der Tod ist Zeichen der von Gott abgefallenen Schöpfung und seine Existenz wird nirgends beschönigt. Der Tod ist der Feind des Lebens (vgl. 1. Korinther 15, 26). Und wir gehen unausweichlich auf ihn zu.

Umso tröstlicher ist die Botschaft des Neuen Testamentes: Jesus hat diesen Feind des Lebens besiegt. Gott ist ein Gott des Lebens. Christen glauben an den Gott, der den Tod getötet hat. Sicher – noch wird gestorben. Und der Schmerz von Verlusten oder die Angst vor dem eigenen Sterben bleibt uns nicht erspart. Aber der Tod hat nicht mehr das letzte Wort in unserem Leben. Gerade dieser Glaube kann auch einen Weg zu einem angemessenen Umgang mit Verlust, Schmerz und Trauer eröffnen. Trauer ist die normale menschliche Reaktion auf Schmerz, Leid oder Verluste. Aber wo es keine Hoffnung über den Verlust hinaus gibt, besteht die Gefahr, dass ein Mensch in der Trauer stecken bleibt. Die Trauer braucht ihren Raum, und den Weg durch die Trauer zu verstehen, darum geht es bei diesem Thema. „Weinen hat seine Zeit", heißt es im Buch des Predigers Salomo. Aber dabei sollte nicht die Zielperspektive aus dem Blick geraten: Gott wird unsere Tränen abwischen, er wird eine neue Welt schaffen, in der der Tod, der letzte Feind, besiegt ist (Offenbarung 21, 1-4).

Um das Thema in einem Gesprächskreis aufzugreifen, bedarf es eines hohen Maßes an Sensibilität. Situationen der Trauer können so vielfältig sein wie die Menschen, die sie erleben. Und auch die Weise, wie Menschen auf einen Verlust reagieren, gleichen sich nur bedingt. In der Trauer, in der Verarbeitung eines Schmerzes gibt es kein falsch oder richtig, wohl aber lassen sich unterschiedliche Phasen erkennen, die viele Trauernde in ihrem eigenen Trauerweg wiedererkennen.

Ziele

- Herbst als Übergangszeit erleben
- Erfahrungen der eigenen Trauer bewusst machen
- Erfahrungen im Umgang mit Trauernden mitteilen

- Phasen des Trauerprozesses kennen lernen
- den Tod bzw. Leid und Verlust als Realitäten menschlichen Lebens in den Blick nehmen
- die biblische Hoffnungsperspektive als persönlichen Trost wahrnehmen

Vorbereitung

- Herbstfrüchte: Baumrinde, Blätter, Ästchen, Moos, getrocknete Blumen, Kastanien, Nüsse, Zweige, Hagebutten ...
- dicke, lange Kordel
- CD: meditative Musik
- 4 Körbe
- DIN A6-Karten, Stifte, Zettel in Tropfenform
- Blumenstrauß
- ggf. Taschentuch, Krug

Verlaufsskizze

1. Einleitung

Herbstkranz (meditativ/gestalterisch)	15 min.
Impulsgedicht und Gespräch	10 min.

2. Erarbeitung

Erfahrungsaustausch: Trauerwege	15 min.
Referat/Gespräch/Aktion: Phasen im Trauerprozess	40 min.

3. Abschluss

Aktion: Ich kreise um Gott	20 min.

Durchführung

1. Einleitung Herbstkranz

Material: Herbstfrüchte, Jutetuch, meditative Musik, Gedicht: Die Blätter fallen
Naturalien werden in Körbe verteilt. In der Mitte des Raumes liegt ein großes Jutetuch. Mit den Früchten des Herbstes schmücken wir gemeinsam den Rand des Tuches. Jede Teilnehmerin kann an ihrem Platz einen kleinen Strauß gestalten, die Nächste schließt sich an, und so legen wir einen großen Kreis. Während dieser Zeit läuft im Hintergrund leise meditative Musik.
Wenn der Kreis gelegt ist, lassen wir das „Herbstbild" auf uns wirken und lesen dann das Gedicht von Rainer Maria Rilke:

Herbst
Die Blätter fallen, fallen wie von weit,
Als welkten in den Himmeln ferne Gärten;
Sie fallen mit verneinender Gebärde.
Und in den Nächten fällt die schwere Erde
Aus allen Sternen in die Einsamkeit.

Wir alle fallen. Diese Hand da fällt.
Und sieh dir andere an: es ist in allen.
Und doch ist Einer, welcher dieses Fallen
unendlich sanft in seinen Händen hält.

Rainer Maria Rilke

Man kann das Gedicht auch abschnittweise vorlesen, etwa die letzten Zeilen zunächst weglassen und die Teilnehmerinnen bitten, zu vermuten, wie der Schluss lauten wird ...

Mögliche Impulsfragen
- Welche Stimmung löst dieses Gedicht in mir aus?
- Welcher Gedanke spricht mich besonders an?
- Wie war meine spontane Reaktion?

2. Erarbeitung : Phasen im Trauerprozess

Material: Karten, Stifte, lange Kordel
In die Mitte des Herbstkreises legen wir nun die Kordel wie eine Spirale oder wie ein Schneckenhaus. Wir bitten die Teilnehmerinnen, sich an eigene Trauererfahrungen zu erinnern. Das muss nicht unbedingt die Trauer angesichts eines Todesfalles sein. Abschiede, Verlusterfahrungen, nicht genutzte Chancen oder Lebenswendungen, die man so nicht wollte ... lösen auch Trauer in uns aus.
Empfindungen während einer Trauerzeit werden auf Karten in einem kurzen Satz notiert.

Erfahrungsaustausch

Wie beschreiben Menschen, die eine Trauerzeit erleben, ihre Empfindungen? z.B. „Ich fühle mich nur noch halb ...“; „Ich kann es immer noch nicht glauben ...“; „Das versteht keiner ...“ Zunächst behält jede Teilnehmerin die von ihr beschrifteten Kärtchen.

Impulsreferat: Die Phasen im Trauerprozess

Zum Vorgehen: Während der Erläuterung des Trauerprozesses schreiten wir den – in der Raummitte symbolisch dargestellten – spiralförmigen Weg von innen nach außen ab. Dabei kennzeichnen wir die unterschiedlichen Phasen. In die Mitte der Spirale legen wir den ersten Zettel: 1. Phase: Nicht-wahrhaben-Wollen usw.
Nach jedem Referatabschnitt geben wir Zeit, um der gerade erläuterten „Phase“ jeweils passende Äußerungen von Trauernden zuzuordnen. Die Teilnehmerinnen lesen entsprechende Sätze von den zuvor beschrifteten Karten vor und ordnen sie in der Mitte an. Ein kurzer Austausch im Gespräch schließt sich an.

Grundzüge eines Referats „Trauerwege“

Freud war es, der den Begriff der Trauerarbeit geprägt hat, und er meint damit den psychischen Prozess zur Überwindung eines schweren Verlustes. Dieser Trauerprozess vollzieht sich in vier verschiedenen Phasen, mit denen sich u.a. Verena Kast in ihrem Buch „Trauern"[7] beschäftigt hat.

1. *Phase: Nicht-wahrhaben-Wollen.* Die erste Phase nach der Nachricht vom eingetretenen Tod eines lieben Menschen versetzt den Trauernden oft erst einmal in eine regelrechte Empfindungslosigkeit. Er erstarrt, fühlt sich selbst wie tot und regungslos, zu keiner Träne fähig. Diese Empfindungslosigkeit entspringt aber nicht einer Gefühllosigkeit, sondern eher einem Gefühlsschock. Der Trauernde will den Verlust nicht wahrhaben, was nach Verena Kast nichts mit Verdrängung zu tun hat. Diese Empfindungslosigkeit sollte auch als Überwältigung von einem zu starken Gefühl, mit dem nicht umgegangen werden kann, gewertet werden. Die verschiedenen Gefühlsausbrüche, die sich dann im Laufe des Trauerprozesses einstellen, sind eine Ausfaltung dieses einen ersten großen Gefühls.

Für Helfer, die Menschen in der Trauer begleiten, ist es wichtig, ihnen in dieser Phase das Gefühl zu geben, dass sie nicht allein sind. Es ist wichtig, dass der Trauernde weiß, dass er so empfindungslos sein darf, wie er ist, und dass ihm niemand zum Vorwurf macht, jetzt keine Tränen zu haben.

2. *Phase: Aufbrechende Emotionen.* Der Phase der Empfindungslosigkeit folgt die Phase der aufbrechenden Emotionen. Ausbrüche von Wut und Zorn wechseln sich ab mit Phasen tiefer Niedergeschlagenheit und Angstzuständen. Der Zorn scheint dabei in zwei Richtungen zu gehen: Ärzte, Pflegepersonal und auch Verwandte berichten häufiger, dass sie von Hinterbliebenen beschuldigt werden, irgendetwas unterlassen zu haben. Die Trauernden suchen in ihrem Zorn einen Schuldigen für den Tod und fühlen sich dadurch scheinbar entlastet. Andere empfinden eher Zorn auf den Verstorbenen selbst. Er hat sie immerhin allein gelassen, vielleicht mit unlösbaren Problemen. Vielleicht ist es auch ein Zorn über die neuen Lebensbedingungen, ein Zorn über die Ohnmacht angesichts des Todes.

Wir können uns Ohnmachtsgefühle so schwer eingestehen und versu-

---

7   Verena Kast, *Trauern. Phasen und Chancen des psychischen Prozesses.* Kreuz, Stuttgart [19]1997.

chen mit beachtlicher Betriebsamkeit, diese Gefühle zu vermeiden. Sollte vielleicht auch mit dem Finden eines Schuldigen dem Tod eine Spur seiner Grausamkeit genommen werden?

In diese Phase der Trauer gehören auch aufbrechende Schuldgefühle. Verena Kast berichtet von Gesprächen mit Trauernden, die zeigen, dass die Schuldgefühle wesentlich geringer waren, wenn die Kommunikation zwischen Hinterbliebenen und dem Sterbenden gut war, wenn richtig Abschied genommen wurde, wenn Probleme noch geklärt werden konnten. Wo das nicht geschieht oder geschehen kann, ist es viel wahrscheinlicher, dass sich der Trauernde mit Wut, Zorn und Schuldgefühlen auseinander setzten muss.

In dieser Phase ist es wichtig, die Flut der Emotionen zuzulassen. Gegen Schuldgefühle kann man nicht mit Argumenten ankommen. Alle Gefühle sind wichtig und Ausdruck dafür, dass Trauerarbeit geleistet wird.

3. Phase: Suchen und Sich-Trennen. Der Trauernde tritt nun in ein inneres Zwiegespräch. Für viele Trauernde, besonders für Ältere ist es sehr schwer, niemanden mehr zu haben, mit dem eine so enge Gemeinschaft wie mit dem Verstorbenen möglich ist. Sie „besprechen" häufig mit ihrem verstorbenen Partner alles, was sie erleben. Das innere Zwiegespräch ersetzt dann zunächst den Partner und bietet gleichzeitig die Chance der Verarbeitung des Verlustes.

Im Traum und in der Phantasie „begegnet" Trauernden der Verstorbene; dabei spüren sie, dass sich ihre Beziehung verändert. Ganz bewusst werden Orte aufgesucht, die sie in der Vergangenheit miteinander verbunden haben, der Trauernde übernimmt manchmal Gewohnheiten und Lebensstil des Verstorbenen. Und immer wieder wird die Trennung erlebt und gespürt. Geschichten aus der Erinnerung werden immer wieder erzählt, was Angehörigen manchmal viel Geduld abverlangt. Aber langsam wird in dieser Phase der Verlust akzeptiert und der Weg für eine „Rückkehr zur Normalität", für ein eigenständig gelebtes Leben mit eigener Initiative, wird frei.

4. Phase: Neuer Selbst- und Weltbezug. Aus dem inneren Zwiegespräch wird der Verstorbene nun zu einer inneren Figur; „sei es, dass der Trauernde den Verstorbenen als eine Art inneren Begleiter erlebt, der sich auch wandeln darf, sei es, dass der Trauernde spürt, dass vieles, was zuvor in der Beziehung gelebt hatte, nun seine eigenen Möglichkeiten geworden sind." Der Trauernde findet wieder zurück ins Leben, gewinnt wieder an Selbstachtung und Selbstvertrauen, übernimmt neue Herausforderungen und gestaltetet sein Leben in neuen Mustern. Ein neuer Selbst- und Weltbezug wird hergestellt. Aufgaben, die der Verstorbene bisher übernommen hatte, müssen nun erlernt und übernommen werden.

Dieses Phasenmodell ist auf keinen Fall als geradlinig verlaufendes Stufenmodell zu verstehen. Die Erfahrung zeigt, dass die unterschiedlichen Phasen sich überlagern. Abgeschlossen ist der Trauerweg dann, wenn der Trauernde wieder Sinn und Freude im Alltag spürt und erlebt.

3. Abschluss: Ich kreise um Gott

a) Wir legen die Karten beiseite und stellen den Blumenstrauß in die Mitte der Spirale.
Gott ist in der Mitte unseres Lebens. Um diese Mitte herum bewegen wir uns, auch auf unseren Trauerwegen. Ihm bringen wir unsere Trauer und unsere Hoffnung im – gemeinsamen oder von der Leiterin vorformulierten – Gebet.

b) Weitere sinnbildliche Elemente können sein: Ein Taschentuch wird neben den Blumenstrauß gelegt. Anschließend liest jemand den Text Offenbarung 21,1-4 vor. Geben Sie anschließend etwas Zeit, der Zusage dieses Textes in der Stille nachzugehen – mit leiser Musik im Hintergrund.
Oder stellen Sie einen Krug neben den Blumenstrauß mit den Worten (nach Psalm 56,9 und Jesaja 25,8): „Gott sammelt unsere Tränen in seinen Krug. Ohne Zweifel, er zählt sie. Er hat versprochen: Er wird den Tod verschlingen auf ewig und Gott der Herr wird die Tränen von allen Angesichtern abwischen. Zu jener Zeit wird man sagen: Siehe, das ist unser Gott, auf den wir hoffen. Lasst uns jubeln und fröhlich sein über sein Heil."

Die Teilnehmerinnen können auf die vorbereiteten „Tränentropfen" etwas schreiben, was sie belastet, und die „Tränen" in den Krug legen. *Zum Abschluss:* Lied „Gott wird sein alles ..." (s. Anhang). Der Refrain ist leicht zu lernen.

4. Weitere Bausteine

Liedvorschläge

Der Himmel, der ist, ist nicht der Himmel, der kommt (EG 153)
Ich lobe meinen Gott, der aus der Tiefe mich holt (EG 628, NG 44)

Biblischer Text

Psalm 91

Gott wird sein

Text und Melodie: Elisabeth Schnitter

2. Dann wird er den Tod entmachten, keiner wird mehr einsam sein.
Keiner wird dann mehr verachten / seinen Nächsten, groß und klein.

3. Dann wird keine Sünde trennen, keine Krankheit mehr verzehr'n,
keine Lebensangst beklemmen, keine Lasten mehr beschwer'n.

4. Dann vergehen alle Fragen, jede Sehnsucht wird gestillt.
Frei von Hast und Lebensplagen / ist in Ewigkeit erfüllt:

9. Töchter sind wir immer –
Vom schönen, schweren Miteinander

Thematischer Rahmen – Biblischer Horizont

Das haben wir Frauen gemeinsam: Wir alle sind Töchter. In diesen
Stand werden wir hineingeboren und unser Leben lang bleiben wir
darin. Wir sind die Töchter unserer Urgroßeltern, Großeltern und
Eltern, reihen uns so in die Generationskette ein und sind durch
„Blutsbande" miteinander verbunden.

Gerade ein Frauengesprächskreis bietet einen geeigneten Rahmen,
den eigenen „Tochterstand" im Hinblick auf die Beziehung zur
Mutter, die wiederum eine andere ist als die zum Vater, einmal
genauer anzusehen.

So verschieden wir sind, so unterschiedlich gestalten sich auch unsere
Beziehungen. Viel Schönes, viel Grund zu Freude und tiefer Dankbarkeit wird dabei zur Sprache kommen, aber in den meisten Fällen
werden auch Trauer über nicht Gelungenes, über Verlust und Schwierigkeiten, und Wut über Verlassenheit und Verletzung Platz brauchen.
Manche Frauen erleben ihre Beziehung zur Mutter eher partner-
schaftlich, vertrauensvoll und ausgeglichen, andere wiederum als
belastend und leidvoll. Manchmal braucht es nur einen kleinen
Auslöser und plötzlich fühle ich mich als erwachsene Tochter wieder
wie ein kleines Mädchen – und verhalte mich dann auch so. Wir
vergleichen die Mutter-Tochter-Beziehung mit unterschiedlichen
„Bändern" (das erinnert an die „Blutsbande") in ihrer Beschaffenheit,
ihrer Wirkung. Da gibt es die Gummibänder, die uns zurückziehen in
kindliche Gefühle und Verhaltensweisen, dann sind da die dunklen
Schnüre, die uns eher traurig stimmen, aber wir entdecken auch die
roten, festen Schnüre, die Farbe in die Beziehung bringen, die an
Schönes und Kraftvolles erinnern.

Als erwachsene Frau bin ich dafür verantwortlich, die Beziehung zur
Mutter zu klären. Ich selbst habe die Chance freier zu werden von
„kindlichem Trotz" oder „kindlicher Resignation"; ich kann die
Beziehung zur Mutter freier, partnerschaftlicher und lebendiger als

Gegenüber zweier Erwachsener gestalten, in dem „Altlasten" keine Rolle mehr spielen.

Gott möchte, dass wir als versöhnte und dankbare Menschen leben (vgl. z.B. Kolosser 3,12-15). Die Auseinandersetzung mit der Mutter kann dazu beitragen, auch in dieser – oft ambivalenten oder schwierigen – Beziehung zu Versöhnung und Dankbarkeit zu finden. Das Ziel: Frieden in unseren Herzen (V. 15).

Ziele

- die Beziehung zur eigenen Mutter überdenken
- Erinnerungen an Schönes in dieser Beziehung bewusst machen
- Belastendes in der Beziehung als „Gummiband"-Situation wahrnehmen
- die Versöhnung mit der eigenen Mutter als Aufgabe und Möglichkeit in den Blick nehmen
- Kol. 3,12-15 als eine Ermutigung zur Versöhnung kennen lernen
- Vorstellungen über neue Möglichkeiten der Beziehungsgestaltung entwickeln

Vorbereitung

- In der Einladung zu diesem Thema wird schon darum gebeten, dass jede Frau ein Foto ihrer Mutter aus der Zeit mitbringt, in der diese so alt ist wie die Tochter jetzt
- 2 Äste, 2 Steine, mehrere Gummibänder (Hutgummi ist am besten)
- rote und schwarze feste Schnüre
- goldenes Band
- ggf. Textkopien Kolosser 3,12-15 für alle Teilnehmerinnen
- leise, ruhige Musik
- Blankozettel, Stifte
- Papierkorb

Verlaufsskizze

1. Einstieg
Bildergalerie „Töchter unserer Mütter"   15 min.

2. Erarbeitung
„Gummiband-Beziehungen" (Gespräch und Kurzreferat) 15 min.
Einzelarbeit und Austausch   10 min.
Tragfähige Beziehungen (Aktion + Gespräch)   20 min.
Das goldene Band der Versöhnung (Textarbeit)   20 min.

3. Abschluss
Bereinigte Beziehungen (Aktion)   20 min.

Durchführung

1. Einleitung: Bildergalerie

Die mitgebrachten Fotos werden beim Ankommen abgegeben, gemischt und von der Gruppenleiterin in der Mitte des Raumes „ausgestellt" (evtl. auf einer gut sichtbaren Pinnwand). Die Teilnehmerinnen können nun raten, welche Mutter zu welcher Tochter gehört. Das macht viel Spaß und die ersten Gespräche über die Mütter werden schon lebhaft geführt.

2. Erarbeitung

Symbol Gummiband

Material: Gummibänder, Äste
Zunächst werden die beiden Äste durch mehrere Gummibänder miteinander verbunden und in die Mitte gelegt. Ein Gespräch über Beschaffenheit und Wirkung von Gummibändern lässt dieses Bild

leicht auf die Mutter-Tochter-Beziehung übertragen. Meist reicht einfach dieses „Arrangement" als Anregung für ein Gespräch aus.

Gesprächsimpulse

- Wozu benutzt man Gummibänder?
- Was ist das Besondere an ihnen?

Dann geben wir „Spannung" auf die Gummibänder, d.h. wir nehmen die Äste in die Hand und ziehen kräftig, oder wir stabilisieren die Äste in einem „angespannten" Zustand mit zwei Steinen auf dem Boden.

Gesprächsimpulse

- Was bewirkt das Gummiband?
- Wie stellt sich die Beziehung zwischen den Ästen dar?
- Welche Rolle spielen dabei die Steine bzw. meine Muskelkraft?

Mögliches Fazit

- Gummibänder schaffen Spannung.
- Der Abstand lässt sich nur halten, wenn ich eine Kraft dagegen halte (meine Muskeln oder den Stein).
- Je größer der Abstand, desto größer die Kraft, desto größer der Schmerz, wenn ich loslasse.

„Gummiband-Beziehung" Mutter – Tochter

Ein Ast soll die Mutter, der andere die Tochter symbolisieren, beide sind durch Gummibänder miteinander verbunden. Das soll zunächst ein Aspekt einer Beziehung sein und zum Gespräch und Erfahrungsaustausch einladen: Was kann das heißen?

Mögliche Gesprächsbeiträge

- Die Beziehung steht unter Spannung.
- Wir empfinden uns als angespannt und nicht gelöst.
- Der Abstand lässt sich nur mit Kraftaufwand halten.
- Manchmal verletzen wir uns, wenn einer den Abstand nicht mehr wahrt.
- Manchmal knallen wir dann aneinander, so wie die Äste, wenn die Spannung nachlässt.

„Gummiband"– Situationen (Kurzreferat)

„So wie meine Mutter werde ich nie!" – Wer kennt nicht diesen Vorsatz und hat ihn nicht gefasst, wenn es um schwierige Hürden in der eigenen Lebensgestaltung, in der Erziehung oder in der Partnerschaft ging? Oft gefasst und tausendmal verworfen. Da bewahrheitet sich das alte Sprichwort: „Der Apfel fällt nicht weit vom Stamm." Das gilt sicher nicht nur genetisch, sondern weit umfassender. Auch wenn wir uns dagegen wehren – viele Verhaltensweisen unserer Mütter haben uns geprägt und vieles bindet uns aneinander, in positiver, aber oft auch in unguter Weise. Bewusst übernommene Verhaltensmuster und verbindlich gestaltete Beziehungen können sehr schön sein und Geborgenheit, Zugehörigkeit und Kraft vermitteln. Es gibt aber auch die „Gummiband-Situationen", in denen Spannung und Unfreiheit vorherrschen.

Da sitze ich z.b. im Büro und das ironische Lächeln einer Kollegin verursacht mir plötzlich Herzrasen. Meine Hände zittern, der Schweiß steht mir schon auf der Stirn, und ich habe nur den einen Gedanken: Nichts wie weg. Bei genauerem Nachdenken stelle ich fest, dass diese Situation etwas mit meiner Kindheit zu tun hat. Ganz ähnlich traf mich der Blick meiner Mutter, als ich wieder einmal schulisch versagte. Die „Bürogeschichte" verbindet sich rasend schnell – wie ein Gummiband, das unter Spannung steht und losgelassen wird – mit der „Vergangenheitsgeschichte".

Hinter unangemessenen Reaktionen, völlig übertriebenen Gefühlsausbrüchen und der Erfahrung, dass „ich mich selbst nicht mehr verstehe", versteckt sich häufig ein ungelöstes Problem aus der Vergangenheit; und nicht selten ist es eine Mutter-Tochter-Geschichte. Wenn ich Situationen von „heute", in denen ich unangemessen, übertrieben reagiere oder in denen ich mich wie ein kleines, unselbstständiges Mädchen oder wie ein kleines trotziges Mädchen erlebe, genauer unter die Lupe nehme, kann ich u.U. „Gummibänder" entdecken, Verbindungen zu früher erlebten Situationen, die mich noch immer gefangen halten.

Einzelarbeit und Austausch

Zunächst ist für ca. 10 Minuten Gelegenheit, Erlebnisse zu erinnern, die einer Gummibandsituation nahe kommen. Dabei steht die Beziehung zur Mutter im Mittelpunkt.

Impulse
- Kenne ich Situationen, in denen ich mir viel kleiner und unselbstständiger vorkomme als normalerweise?
- Gibt es Situationen, in denen ich ganz unangemessen, „un-erwachsen" reagiere?
- Haben diese Erfahrungen etwas mit meiner Kindheit zu tun?
- Wie erlebe ich meine Beziehung zu meiner Mutter?
- Wie stark sind die „Gummibänder" in dieser Beziehung? In welchen Lebensbereichen oder Alltagssituationen sind sie besonders „wirksam"?

Weiteres Gespräch: Tragfähige Beziehung

Material: dunkle und rote, feste Bänder
Zwischen beide Äste knoten wir nun mehrere rote und schwarze feste Bänder, sodass der Grundriss eines „Webrahmens" entsteht.

Gesprächsimpuls (falls nötig)
- Was unterscheidet die neue Konstellation von der vorherigen mit den Gummibändern?

Mögliches Fazit
Es gibt noch eine andere Qualität der Beziehung, der Verbindung, als die Gummiband-Verbindung. Das sind hier die festen Bänder. Sie tragen und geben uns Halt.

Gesprächsimpulse
- Welche schönen Erlebnisse verbinden mich mit meiner Mutter? (rote Schnur)
- An was denke ich total gerne? (rote Schnur)
- Was macht mich von Herzen dankbar? (rote Schnur)

- Was erlebe ich eher belastend? (dunkle Schnur)
- Was erfüllt mich mit Trauer? (dunkle Schnur)

Alternative: Statt den Rahmen mit den roten und schwarzen Schnüren vorzugeben, kann er auch während dieser Gesprächsphase entstehen. In diesem Fall werden rote und schwarze Schnüre an die Teilnehmerinnen ausgegeben, und jede Teilnehmerin, die einen Gesprächsbeitrag einbringt, kann ihre Erinnerung in den entstehenden Rahmen „einweben". So entsteht während des Gesprächs das Geflecht einer tragfähigen Beziehung.

Im „Rahmen" des Möglichen (Kurzimpuls und Gruppengespräch zum Bibeltext)

Material: Textkopien
Unser Bild von der Beziehung hat sich verändert. Jetzt sind nicht mehr die Gummibänder bestimmend. Jetzt ist ein tragfähiges Geflecht aus unterschiedlichen Fäden entstanden, eine Art „Webrahmen". Rote und dunkle Schnüre bilden ein festes „Netz". Aber die Gummibänder sind auch noch da. Allerdings stören sie das Gewebe.
Wir lesen gemeinsam Kolosser 3,12-15. Im Luthertext lautet V. 14: „Über alles aber ziehet an die Liebe, die da ist das Band der Vollkommenheit." Hier ist auch von einem Band die Rede. Man könnte beim Verlesen des Textes oder im Anschluss an das Gespräch über den Text noch ein goldenes Band für die Liebe dazunehmen und über das ganze Arrangement legen.

Gesprächsimpulse
- Welches Stichwort des Textes spricht Sie im Blick auf die Beziehung zu Ihrer Mutter besonders an?
- Mit welchem Stichwort haben Sie Schwierigkeiten? Warum?
- Was löst die Aufforderung zur Vergebung in Ihnen aus?
- Was ist das Ziel von Vergebung?
- Welches „goldene Band" könnte ich konkret in die Beziehung zu meiner Mutter einweben?

Hintergrundinformation

Die Leiterin kann ggf. folgende Aspekte ins Gespräch einbringen, sofern sie nicht ohnehin auftauchen:

Als erwachsene Tochter liegt es an mir, „Gummibänder", die mich in ein kindliches Verhalten zurückziehen und die Beziehung zur Mutter belasten, „durchzuschneiden" und mich innerlich zu lösen. Mütter müssen zwar lernen loszulassen, aber in diesem Sinne haben auch Töchter die Verantwortung loszulassen. Jede Verletzung, die ich festhalte, bekommt „Macht", reicht aus der Vergangenheit in die Gegenwart und bindet Kräfte für die Zukunft. Das gilt auch für die Mutter-Tochter-Beziehung. Deswegen liegt eine Chance für morgen darin, wenn ich heute die belastenden Dinge von gestern ausräume. Das kann geschehen durch Gebet und Seelsorge, durch klärende Gespräche mit meiner Mutter selbst, durch Austausch mit dem Partner oder einer guten Freundin.

Auch die veränderte Beziehung zur Mutter besteht dann noch aus hellen und aus dunklen Bändern. Beides gilt es zu sehen, zu bejahen und anzunehmen. Gerade die vergebenen, angenommenen und nicht nachgetragenen „dunklen" Bänder können in einer erneuerten Beziehung zu starken „Verbindungselementen", zu goldenen Brücken, werden.

3. Abschluss: Dankbarkeit und Versöhnung

Material: Fotos, Blankozettel, Stifte, leise Musik, Papierkorb
Jede Teilnehmerin hat jetzt Gelegenheit, all das, wofür sie ihrer Mutter dankbar ist, auf die Rückseite des Fotos der Mutter zu notieren. Und auf einem Extrazettel können die Dinge notiert werden, die wir unseren Müttern innerlich vorhalten. Und dann ist – bei leiser Musik – Gelegenheit, diesen „Vorwurfszettel" zu zerreißen und in den Papierkorb in der Mitte des Raumes zu werfen.
Achtung: Dieser Zettel soll nicht dafür gebraucht werden, alles das zu sammeln, was ich dann anschließend meiner Mutter kräftig vorwerfen will. Wenn Teilnehmerinnen ihn nicht gleich zerreißen wollen, werden sie ermutigt, ihn in einem Gespräch mit einer vertrauten Person buchstäblich loszulassen.

Ergänzende Bausteine

Film „Herbstsonate"

Die gefeierte Pianistin Charlotte Andergast besucht nach sieben Jahren überraschend ihre Tochter Eva. Diese lebt mit Viktor, ihrem Mann, der Pfarrer ist, im Pfarrhaus einer norwegischen Gemeinde. Im Haus befindet sich auch Helena, Evas unheilbar kranke Schwester. An deren Schicksal entzündet sich eine Auseinandersetzung zwischen Charlotte und Eva. Beide, Mutter wie Tochter, lassen ihr Leben Revue passieren. Dabei müssen sie erkennen, dass sie einander nicht verstehen, sich miteinander nicht verständigen können. Zu verschieden ist beider Vorstellung davon, was Liebe zwischen Mutter und Kind sei und wie sie sich zu äußern haben. Doch Helena, das hilflose Geschöpf, weist ihnen den Weg aus der Verstiegenheit ihrer Ansichten und Empfindungen.

Ingmar Bergmann, Herbstsonate; Spielfilm Deutschland/Schweden 1978.

Gebet

Das folgende *Gebet* könnte auch im Blick auf die Gestaltung der Beziehung zur eigenen Mutter hilfreich sein:

Herr, gib mir den Mut,
die Dinge zu ändern, die ich ändern kann.
Gib mir die Gelassenheit,
die Dinge zu ertragen, die ich nicht ändern kann.
Und schenke mir die Weisheit,
das eine von dem anderen zu unterscheiden.

Liedvorschläge

Wie ein Fest nach langer Trauer (NG 124, GLB 585, LfG 249)
Wo die Liebe wohnt (EG 608)
Liebe ist nicht nur ein Wort (NG 123)

Gut, dass wir einander haben (GLB 207, LfG 407)
Du schenkst uns Zeit einander zu begegnen (GLB 204)

Bibeltexte

• Es lohnt sich, in diesem Zusammenhang das Buch Rut im Alten Testament zu lesen. Das ist zwar eine Schwiegermutter–Schwiegertochter–Beziehung, kann aber auch Licht auf die Beziehung zur eigenen Mutter werfen. Die Frage nach dem Verhältnis der beiden Frauen sollte dabei im Mittelpunkt stehen (Ruth 1,1-22).

• Lukas 1,39-56. Auch die Begegnung zwischen der betagten Elisabeth und der jungen Maria könnte beispielhaft für das Verhältnis einer Mutter zu ihrer Tochter sein.

10. Reif für die Insel – Umgang mit Stress

Thematischer Rahmen – Biblischer Horizont

Wer kennt das nicht? Der Terminkalender ist voll, kaum noch ein freier Platz, und das schon seit Monaten – Kinderarzt, Abschlussfest im Kindergarten, Elternabend und Vorspiel der Flötengruppe, berufliche Termine, Gemeindefest und Frauenkreis, Theaterbesuch mit dem Ehemann und Abendessen mit Freunden ... was zu viel ist, ist einfach zu viel. Dann werden die schönsten Vorhaben zu Stressfaktoren und wirken eher wie eine Last als eine Freude. Statt Erholung und Ausgeglichenheit schleichen sich Erschöpfung und Ermüdung ein.

Unter all den vielen Tüchtigen im Beruf entwickeln sich auch nicht wenige Süchtige, die dann ohne Arbeit nicht mehr leben können und die man Workoholiker nennt. Sie können nicht mehr abschalten und entspannen, Pausen einzulegen kostet sie Mühe. Aber auch wenn wir nicht zu den Arbeitssüchtigen oder Ausgebrannten gehören – immer wieder ist es nötig, Abstand vom Alltag zu bekommen, damit wir wieder Kräfte sammeln und unseren Aufgaben auch wirklich nachkommen können. Von Zeit zu Zeit sind wir alle „reif für die Insel". Ob es der berufliche oder der häusliche Stress ist, beides ruft nach einer Insel der Stärkung.

Kennen Sie die Sorgenfalten, die tiefe Furchen im Gesicht hinterlassen? Sorgen um die Zukunft der Kinder, um die finanzielle Situation, die politische Lage, die Umweltzerstörung, die Sorgen um die Zukunft der Menschheit? Sorgen haben eine starke Tendenz, unsere gesamte Aufmerksamkeit zu beanspruchen und werden so zum kräftezehrenden Stressmoment, das uns die bedrohlichen Seiten des Lebens in unrealistisch vergrößerter Perspektive vor Augen malt. Wenn wir in sorgenvollen Gedanken zu ertrinken drohen, ist es höchste Zeit für die Insel der Sorglosigkeit.

Oder denken wir an die Konflikte zwischen Ehe- oder Lebenspartnern, in der Familie, zwischen Freunden, in der Gemeinde und im Bekanntenkreis. Konflikte können sehr belastend sein, der beste Nährboden für seelischen Stress. – Es lockt die Insel der Harmonie.

Inselerlebnisse, das sind Zeiten, in denen wir auftanken, wieder neue Kraft schöpfen, uns auf das Wesentliche besinnen, wieder zu uns selbst finden und uns Zeit für das Gebet nehmen können.

Die Urlaubszeit kann eine Inselzeit sein – eine Möglichkeit, wieder einmal ganz ursprüngliche Erfahrungen zu machen: auf das Rauschen und Tosen des Meeres lauschen, die Kraft der Wellen spüren, den lauen Wind südlicher Länder auf der Haut genießen, die Felsklippen auf der Bergwanderung überwinden und sich im Kanu den Stromschnellen anvertrauen.

Aber auch der Urlaub kann sich als Alltag mit anderen „Tapeten" entpuppen, zum reinen Stress auf engstem Raum werden – arbeitsfreie Zeit allein ist keine absolute Garantie für eine „stressfreie Zone".

Aus der Vielzahl von Stressmomenten in unserem Leben werden wir vier herausgreifen, ihnen entsprechende „Inseln" zuordnen, zur Vertiefung passende Bibelstellen lesen und in Kleingruppen besprechen. Dabei gilt es zu entdecken, dass Gott uns das Leben und die dazugehörenden Anforderungen – in der Arbeit, in der Familie, in unserer Welt – anvertraut, manchmal zumutet. Immer aber ist das von uns Geforderte eingeordnet in seine Schöpfungsordnung: Sechs Tage Arbeit und dann ein Tag der Ruhe, des Loslassens und der Orientierung auf Gott, der unser Leben in der Hand hat.

Folgenden Stressauslösern wollen wir etwas entgegensetzen:

Sorgen	Insel der Sorglosigkeit	Matthäus 6,24-34
Konflikte	Insel der Harmonie	Epheser 4,25-32
Bedrohung	Insel des Gebets	Matthäus 26,36-46
Überforderung	Insel der Stärkung	Jesaja 40,26-31

Ziele

- Stressmomente erkennen
- „Gegenmittel" gegen Stress bewusst wahrnehmen
- die Zusagen biblischer Texte als Lebenshilfe kennen lernen und in Anspruch nehmen
- „Inseln" für den Alltag entdecken

Vorbereitung

- Muscheln, möglichst für jede Teilnehmerin eine.
- Material zur Dekoration von vier „Inseln" in den Ecken des Raumes; dazu bieten sich Postkarten von der Firma art color zu den u. g. Themen an. Die Inseln sind vor Beginn des Treffens vorbereitet.

  - *Insel der Sorglosigkeit:* Bilder von Blumenfeldern oder Gärten (art color); Bibelvers: „Weshalb macht ihr euch so viel Sorgen um eure Kleidung? Seht euch die Blumen auf den Wiesen an! Sie arbeiten nicht und kümmern sich auch nicht um ihre Kleidung." (Matthäus 6,28) – auf Karton geschrieben.

  - *Insel der Stärkung:* Bilder von Bergen und Gebirge; Bibelvers: „Hebet eure Augen in die Höhe" (Jesaja 40,26).

  - *Insel des Gebets:* Bilder von gefalteten Händen oder anderen Gebetshaltungen, Bibelvers: „Bleibet wach und betet ..." (Matthäus 26,41).

  - *Insel der Harmonie:* Bilder von Sonnenuntergängen; Bibelvers: „Lasst die Sonne nicht untergehen, ohne dass ihr euch vergeben habt" (Epheser 4,26).

- Kopien von folgenden Bibeltexten: Matthäus 6,25-35; Epheser 4,25-32; Matthäus 26,36-36; Jesaja 40,26-30.
- Dias von Inseln
- Evtl. CD mit Musik von Delphin- oder Walgesängen oder Musik von Meeresrauschen

Verlaufsskizze

1. Einstieg: Muscheln in meiner Hand
Symbol: Muschel · 5 min.
Muschelmeditation · 5 min.
Aktion: Ein Streifzug über die „Inseln" · 10 min.

2. Erarbeitung: Stress erkennen – Stress abbauen
Impulsreferat: Hinführung zur Gruppenarbeit · 15 min.
Kleingruppen: Stationen, Bibeltextarbeit · 30 min.
Austausch im Plenum · 15 min.

3. Abschluss: Insel-Impressionen
Dias von Inseln · 10 min.
Inselmeditation · 5 min.

Durchführung

1. Einstieg: Muscheln in meiner Hand – Streifzug über die Inseln

Muschelmeditation

Jede Teilnehmerin erhält zur Einstimmung auf das Thema eine Muschel – ein Fundstück, aufgehoben am Strand einer Insel. Dabei ist die Art der Muschel unerheblich. Es sollten nur genügend Muscheln da sein, die in der Mitte liegen, sodass jede Teilnehmerin sich eine auswählen kann.

Gesprächsimpuls
Vielleicht mögen einige Teilnehmerinnen erzählen,
- was ihnen Muscheln bedeuten
- an was sie sich dabei erinnern
- ob sie eine eigene Sammlung haben ...

Dann lesen wir die folgende Meditation – evtl. zu leiser Musik im Hintergrund.

Muschel in meiner Hand

Muschel in meiner Hand
Einzigartig in Form und Farbe
Keiner anderen gleich.
Unverwechselbare Kostbarkeit.

Wie aus heiterem Himmel
Tiefblauer Sommertage
Aus der Tiefe des Meeres
Mir in den Schoß gefallen.
Gottes Spuren im Sand
Auf meinem Weg ein Zeichen
Seiner Vielfalt und Schönheit
Seiner Liebe und Schöpferkraft
Hinterlassen Eindrücke
Geben Frieden, geben Mut.

Britta Laubvogel

Streifzug über die „Inseln"

Wir laden nun die Teilnehmerinnen zu einem Spaziergang über die
verschiedenen „Inseln" im Raum ein. Wenn genügend Platz vorhanden ist, können diese Inseln in den vier Ecken des Raumes vorbereitet
und gestaltet werden. Es ist aber auch denkbar, diese in die Mitte
eines Stuhlkreises zu platzieren.
Bei der Gestaltung dieser „Inseln" ist Kreativität gefragt – lassen Sie
Ihrer Phantasie freien Lauf. Die Gestaltung sollte einfach schön
sein, etwas für das Auge bieten, und gleichzeitig ermutigen, die
Sehnsucht nach diesem „Inselplatz" im Leben zu wecken bzw.
wachzuhalten.

Entweder stellt die Gruppenleiterin die einzelnen „Inseln" kurz vor.
Oder die Teilnehmerinnen finden anhand dessen, was sie sehen,

Namen für die Inseln. Dabei können die Teilnehmerinnen bereits überlegen, zu welcher Insel es sie besonders hinzieht.

Blumenfelder	Insel der Sorglosigkeit
Berge	Insel der Stärkung
Gefaltete Hände	Insel des Gebets
Sonnenuntergänge	Insel der Harmonie

Über die Sehnsucht nach der besonderen „Insel", die ich gerade jetzt brauche, bekomme ich unter Umständen einen Hinweis auf die Kehrseite, auf das Stressmoment, das mich zur Zeit am meisten belastet oder gefangen nimmt.

Nach einem ersten Überblick werden die Teilnehmerinnen aufgefordert, sich für eine Insel ihrer besonderen Vorliebe zu entscheiden. Von dieser Insel können sie sich ein Bild mitnehmen.

2. Erarbeitung: Stress erkennen– Stress abbauen

Impulsreferat: Hinführung zur Arbeit an den Bibeltexten

Stress ist in unserem Leben ein ständiger Begleiter. Es gibt so viele Stressmomente, und wir sind alle in unterschiedlicher Weise mehr oder weniger anfällig dafür. Einige wollen wir genauer beleuchten. An Beispielen aus der Bibel entdecken wir Parallelen zu heutigen Stressmustern. Die Bibel wird zu echter Lebenshilfe im Umgang mit Stress, wenn wir uns zu einem Perspektivwechsel anstiften lassen.

Am drastischsten zeigt das Beispiel Jesu, in welche Not ein Mensch geraten kann und welchen Weg er findet, um die Anfechtung zu überwinden. In seiner dunklen Stunde im Garten Gethsemane kommt uns Jesus als Mensch sehr nahe, als Mensch, der auch Angst, Zweifel, Schwäche und Anfechtung kannte. Deutlich wird aber auch der Perspektivwechsel, zu dem er im Gebet findet und der ihn mitten in allem Unheil die Übereinstimmung mit dem Willen des Vaters und damit Frieden und Kraft finden lässt. Jesus sucht in dieser Krise Hilfe im Gebet, im Gespräch mit seinem Vater im Himmel, und er wünscht sich von seinen Jüngern dieselbe Haltung, indem er sie bittet: „Wachet und betet …"

Auch in der Bergpredigt geht es um diesen Perspektivwechsel, wenn Jesus seine Hörer aufruft: „Seht weg von euren eigenen Problemen – seht auf Gott und seine Fürsorge, die sich in der Schöpfung ablesen lässt. Seht die Blumen an und die Vögel unter dem Himmel ..." Und im Alten Testament fordert der Prophet Jesaja alle Ermüdeten, Erschöpften und Hoffnungslosen ebenfalls auf, ihre Blickrichtung zu verändern: „Hebet die Augen in die Höhe ... und sehet ..."

Im Umgang mit Belastungen, mit Stress, mit allen Widrigkeiten unseres Lebens ist es offensichtlich nötig, dass wir daran erinnert werden, dass unsere Sicht begrenzt und oft einseitig ist und dass der Blick auf Gott, den Schöpfer der Welt und den Erlöser der Menschen, alle unsere Sorgen in einem anderen Licht erscheinen lassen kann.

Kleingruppenarbeit

Material: Kopien der entsprechenden Bibeltexte mit Gesprächsimpulsen sind zuvor auf den Inseln verteilt worden.

Die Teilnehmerinnen finden sich nun auf den Inseln ihrer Wahl wieder und bearbeiten die Bibeltexte mit Hilfe der vorbereiteten Gesprächsimpulse.

Weisen Sie darauf hin, dass am Ende der Gruppenarbeit jede Gruppe einen kleinen „Inselbericht" im Plenum geben soll (... aber so, dass dieser Hinweis nicht wiederum Stress auslöst!).

1. Insel der Sorglosigkeit: Matthäus 6,24-34

„Niemand kann gleichzeitig zwei Herren dienen. Wer dem einen richtig dienen will, wird sich um die Wünsche des andern nicht kümmern können. Genauso wenig könnt ihr zur selben Zeit für Gott und das Geld leben. 25 Darum sage ich euch: Sorgt euch nicht um euren Lebensunterhalt, um Essen, Trinken und Kleidung. Leben bedeutet mehr als nur Essen und Trinken, und der Mensch ist mehr als seine Kleidung. 26 Seht euch die Vögel an! Sie säen nichts, sie ernten nichts und sammeln auch keine Vorräte. Euer Vater im Himmel versorgt sie. Meint ihr nicht, dass er sich um euch noch viel mehr kümmert? 27 Und wenn ihr euch noch so viel sorgt, könnt ihr doch euer Leben auch nicht um einen Augenblick verlängern.

28 Weshalb macht ihr euch so viele Sorgen um eure Kleidung? Seht euch die Blumen auf den Wiesen an! Sie arbeiten nicht und kümmern sich auch nicht um ihre Kleidung. 29 Doch selbst König Salomo in seiner ganzen Herrlichkeit war lange nicht so prächtig gekleidet wie irgendeine dieser Blumen. 30 Wenn aber Gott sogar das Gras so schön wachsen lässt, das heute auf der Wiese grünt und morgen vielleicht schon verbrannt wird, meint ihr, dass er euch dann vergessen würde? Vertraut ihr Gott so wenig?

31 Hört also auf, voller Sorgen zu denken: Werden wir genug zu essen haben? Und was werden wir trinken? Was sollen wir anziehen? 32 Wollt ihr denn leben wie die Menschen, die Gott nicht kennen und sich nur mit diesen Dingen beschäftigen? Euer Vater im Himmel weiß ganz genau, dass ihr das alles braucht. 33 Gebt nur Gott und seiner Sache den ersten Platz in eurem Leben, so wird er euch auch alles geben, was ihr nötig habt. 34 Deshalb habt keine Angst vor der Zukunft! Es ist doch genug, wenn jeder Tag seine eigenen Lasten hat. Gott wird auch morgen für euch sorgen."

Gesprächsimpulse

- Seht die Blumen an ... Was hat Sie an diesen Blumenbildern besonders angesprochen? Die Blumen sind ein Bild – für was?

- Wie gehen Sie normalerweise mit Sorgen um?
  - Sprechen Sie mit ihrem Partner oder Menschen ihres Vertrauens über das, was Ihnen Sorge bereitet?
  - Lenken Sie sich lieber ab und wenden sich schönen Beschäftigungen zu?
  - Suchen Sie sich auch schon mal Hilfe von Beratern oder Seelsorgern?

- Worüber machen Sie sich am meisten Sorgen?
  - Dass Ihre Kinder auf die „schiefe Bahn" kommen?
  - Über die Finanzen?
  - Über Entwicklungen in Politik, Weltwirtschaft, Umwelt ...?

- Was meint Jesus, wenn er sagt, wir sollten uns keine Sorgen machen?
  Sind Gottvertrauen und Vorsorge für ihn unvereinbar?
  Sollten wir uns nicht mehr um die Zukunft kümmern?

- Wie begründet Jesus eigentlich seinen Aufruf zur Sorglosigkeit?
  - Kann er Sie überzeugen?
  - Was würden Sie Jesus gern fragen oder ihm antworten?

2. Insel der Harmonie: Epheser 4,25-32

„Belügt euch also nicht länger, sondern sagt die Wahrheit. Wir sind doch als Christen die Glieder eines Leibes, der Gemeinde Jesu. [26] *Wenn ihr zornig seid, dann macht es nicht noch schlimmer, indem ihr unversöhnlich bleibt. Lasst die Sonne nicht untergehen, ohne dass ihr euch vergeben habt.* [27] *Gebt dem Teufel keine Chance, Unfrieden zu stiften.* [28] *Wer früher gestohlen hat und davon lebte, der soll sich jetzt eine ehrliche Arbeit suchen, damit er Notleidenden helfen kann.* [29] *Redet auch nicht schlecht voneinander. Was ihr sagt, soll für jeden gut und hilfreich sein, eine Wohltat für alle.* [30] *Sonst beleidigt ihr den Heiligen Geist, den Gott euch gegeben hat. Er ist doch euer Bürge dafür, dass der Tag der Erlösung kommt, an dem ihr von aller Sünde befreit seid.*

[31] *Mit Bitterkeit, Jähzorn, Wut, gehässigem Gerede oder anderen Gemeinheiten sollt ihr nichts mehr zu tun haben.* [32] *Seid vielmehr freundlich und barmherzig, immer bereit, einander zu vergeben, so wie Gott euch durch Jesus Christus vergeben hat."*

Gesprächsimpulse

- Inwiefern haben die Bilder von Sonnenuntergängen Sie angesprochen?
  - Haben Sie Erinnerungen an besondere Sonnenuntergänge?
  - Welche Empfindungen wecken diese Erinnerungen in Ihnen?

- Lasst die Sonne nicht untergehen über eurem Zorn ...
  - Wie gehen Sie normalerweise mit Wut oder Zorn um?
  - Nehmen Sie diese Dinge mit in den Schlaf?
  - Kennen Sie schlaflose Nächte? Oder haben Sie schon einmal Alpträume gehabt, hinter denen eine angestaute Wut steckte?

- Was lösen die Empfehlungen des Paulus über ein versöhnliches Miteinander in Ihnen aus?

- In diesem Briefausschnitt finden wir einen ganzen Katalog von Beziehungskillern.
  - Welche halten Sie für die gefährlichsten? Versuchen Sie eine Prioritätenreihe!
  - Welche lösen bei Ihnen am meisten Stress aus?
  - Welchen „Killer" sollten Sie am ehesten ausschalten?

Lüge	Zorn	Unversöhnlichkeit
Unfrieden	Diebstahl	Unehrlichkeit
Üble Nachrede	Bitterkeit	Gehässigkeit
Bosheit	Unfreundlichkeit	Unbarmherzigkeit
Fehlende Vergebungsbereitschaft		

- Stellen Sie den Beziehungskillern eine „Positivliste" an Verhaltensweisen gegenüber.
  - Wie würden sich Ihre Beziehungen verändern, wenn Sie sich diese Haltungen angewöhnten?
  - Welche der gefundenen Verhaltensweisen fallen Ihnen schwer? Welche leicht?
  Welche tun Ihnen besonders gut, wenn andere sie Ihnen entgegenbringen?

3. Insel der Stärkung: Jesaja 40,26-31

„Hebt eure Augen in die Höhe und seht: Wer hat die (Sterne) dort oben erschaffen? Er ist es, der ihr Heer täglich zählt und heraufführt, der sie alle beim Namen ruft. Vor dem Allgewaltigen und Mächtigen wagt keiner zu fehlen. 27 Jakob, warum sagst du, Israel, warum sprichst du: Mein Weg ist dem Herrn verborgen, meinem Gott entgeht mein Recht? 28 Weißt du es nicht, hörst du es nicht? Der Herr ist ein ewiger Gott, der die weite Erde erschuf. Er wird nicht müde und matt, unergründlich ist seine Einsicht.

29 Er gibt dem Müden Kraft, dem Kraftlosen verleiht er große Stärke. 30 Die Jungen werden müde und matt, junge Männer stolpern und stürzen. 31 Die aber, die dem Herrn vertrauen, schöpfen neue Kraft, sie bekommen Flügel wie Adler. Sie laufen und werden nicht müde, sie gehen und werden nicht matt."

Gesprächsimpulse

- Was hat Ihnen an den Bildern der Berge gefallen?
  - Haben Sie schon einmal ähnliche Ausblicke gehabt?
  - Welche Empfindungen ruft der Anblick von Berggipfeln in Ihnen wach?
  - Erinnern Sie sich an ein Gipfelerlebnis, das Sie gerne mitteilen möchten?

- Im Text kommt auch das Bild des Adlers vor.
  - Wie geht es Ihnen, wenn Sie Ihre momentane Lebenssituation mit einem Adler vergleichen?

- Der Text sagt müden, erschöpften und perspektivlosen Menschen zu, dass sie neue Kraft erfahren werden; Kraft, sich aufzuschwingen wie ein Adler; Kraft, weite Wege zurückzulegen und schwierige Aufgaben anzupacken. Wie erlebe ich in meinem Alltag neue Motivation? Z.B.
  - durch das ermutigende Wort meines Partners oder einer Freundin
  - durch Erfolgserlebnisse
  - durch Erlebnisse im Urlaub, Wanderungen, Spaziergänge, Radtouren, Bootsfahrten o.Ä., die mir neue Kraft gegeben haben.
  - durch Bibeltexte oder besonders lieb gewordene Psalmen, die mich bestärkt haben
  - durch Bücher, Biografien, die mich ermutigten, meine Situation mutig zu gestalten
  - durch Musikstücke oder Lieder, die mich innerlich bewegten
  - durch ...

- Ist der Hinweis auf die Größe Gottes in seiner Schöpfung für Sie eher tröstlich oder eher irritierend? Mit welchem Bild würden Sie die Geborgenheit bei Gott beschreiben?

4. Insel des Gebets: Matthäus 26, 36-46

Dann ging Jesus mit den Jüngern in einen Garten, der Gethsemane hieß. „Setzt euch hier hin und wartet auf mich!", forderte er die Jünger auf. „Ich will ein Stück weiter gehen und beten." 37 Petrus, Jakobus und Johannes nahm er mit. Tiefe Mutlosigkeit und Angst überfielen Jesus, 38 und er sagte zu ihnen: „Ich zerbreche beinahe unter der Last, die ich zu tragen habe. Bleibt bei mir und lasst mich nicht allein."

39 Nachdem er einige Schritte weiter gegangen war, warf er sich auf die Erde und betete: „Mein Vater, wenn es möglich ist, so bewahre mich vor diesem Leiden! Aber nicht mein Wille soll geschehen, sondern dein Wille."

40 Danach ging er zu den drei Jüngern zurück und sah, dass sie einge- schlafen waren. Er rüttelte Petrus wach und rief: „Könnt ihr denn nicht eine einzige Stunde mit mir wachen? 41 Bleibt wach und betet, damit ihr die kommenden Tage überstehen könnt. Ich weiß, ihr wollt das Beste, aber aus eigener Kraft könnt ihr es nicht erreichen."

42 Noch einmal ließ er sie allein, um zu beten: „Mein Vater, auch wenn mir dieses Leiden nicht erspart bleiben kann, bin ich bereit, deinen Willen zu erfüllen!" 43 Als er zurückkam, sah er, dass seine Jünger wieder schliefen.

44 Er kehrte um und betete zum dritten Mal mit den gleichen Worten.

45 Dann kam er zu seinen Jüngern zurück und sagte: „Hört auf zu schlafen, ruht euch ein andermal aus! Jetzt wird der Menschensohn den Menschen ausgeliefert. 46 Steht auf, lasst uns gehen! Der Verräter ist schon da."

Gesprächsimpulse

- Die Bilder der gefalteten Hände haben Sie angesprochen. Welche Empfindungen haben die Bilder in Ihnen ausgelöst?
  - Gibt es Gebete, evtl. noch aus Ihrer Kindheit, die Ihnen wichtig sind?
  - Welchen Stellenwert hat das Gebet in Ihrem Leben? Ist es Ihnen vertraut oder eher fremd?
  - Haben Sie das Gebet schon als Kraftquelle in Schwierigkeiten erlebt?

- Was finden Sie an dem biblischen Bericht am Überraschendsten?
  - Dass Jesus in eine so tiefe Mutlosigkeit und Angst fiel, er war doch der Sohn Gottes.
  - Dass die Jünger ausgerechnet in dieser Situationen einschlafen – ist ihnen denn der Ernst der Lage gar nicht bewusst?
  - Nicht nur einmal, gleich dreimal verpassen die Jünger ihre Chance. Haben sie es beim dritten Mal kapiert? Haben sie „die Augen vor den Problemen verschlossen"?
  - Etwas ganz anderes ...
  - Kennen Sie bei sich ähnliche Reaktion in Stresssituationen?

- Auch Jesus ist offensichtlich überlastet. Wie zeigt sich das?

- Jesus sucht angesichts der Zukunft, die er auf sich zukommen sieht, Hilfe im Gebet.
  - Inwiefern verändert sich etwas durch das Gebet?

- Was erlebt Jesus dabei?
  - Was brauche ich am Nötigsten, wenn ich wirklich in Not bin?
  - Inwiefern könnte das Gebet eine Hilfe für mich sein?

Wenn das Gespräch in den Kleingruppen abgeschlossen ist, kommen alle für die „Inselberichte" wieder im Plenum zusammen. Jede Inselgruppe stellt ihre „Inselerfahrung" kurz vor. Das kann z.B. unter dem Aspekt geschehen: Welchen Stressfaktoren konntet ihr auf eurer Insel entgegentreten? Welche Inseltipps für den Alltag könnt ihr uns mitgeben? Welchen Perspektivwechsel habt ihr erfahren?

3. Abschluss: Insel-Impressionen

Zum Schluss sollen noch einmal Inselbilder für sich sprechen. Dias von Inseln an die Wand geworfen entführen zum Schluss noch einmal in die Inselwelt. Der folgende Text kann einfach zu den Bildern gelesen werden.

Inselmeditation

Insel
Land
Felsiges, graues Gestein
Glatter, ausgewaschener Fels
Krüppelkiefern, Birken, alte Eichen,
Heidekraut, Blaubeeren, moosweicher Boden.

Land,
das einlädt,
anzuhalten, die Fahrt zu unterbrechen,
den Motor auszuschalten, das Boot zu ankern,
Schatten zu finden vor der Mittagssonne,
herumzuklettern, spazieren zu gehen, vom Felsen zu springen.

Insel – Lebensraum, Zeit zu verbringen einen Tag lang.

Insel,
Fester Boden unter den Füßen.
Ich kann auftreten, feste Schritte tun.
Die Erde hat mich wieder.
Wellen schlagen hier nicht über mich herein.

Insel,
Platz für mich,
mich zu bewegen, zu recken, zu laufen,
wieder auszuschreiten.
Insel – Lebensraum – Bewegungsraum.

Streifzug über die Insel,
Abenteuer in unberührter Natur.
Ich ziehe meine Spur, wage Schritte
und komme ans Ziel.

Entdeckungen am Rande meines Weges,
Schätze und kleine Kostbarkeiten.
Am Abend
ziehen wir wieder weiter.
Ich nehme Eindrücke mit,
Erinnerungen an diesen Tag.
Ins Boot lege ich
ein Stück Schwemmholz und Moos.
Mein Inselmuseum.

Britta Laubvogel

Ergänzende Bausteine

„Muscheln in meiner Hand"

Anne Morrow Lindbergh hat in ihrem Buch „Muscheln in meiner
Hand" die Spannungen, in denen sich Frauen im Alltag häufig befin-
den, sehr eindrücklich beschrieben. Diese Texte eignen sich gut zum
Vorlesen. Gedanklich wird der Hörer mitgenommen an den Strand,
ans Meer. Verschiedene Muscheln werden als Symbol genommen, um
Überforderungssituationen zu beschreiben und Wege zu entdecken,
die aus diesen Situation hinausführen.
Anne Morrow Lindbergh, *Muscheln in meiner Hand,* R. Piper & Co
Verlag, München 2000.

Eisbüffet

Zur Einstimmung in dieses Thema passt auch die Idee des Eisbüfetts (s. vorn S. 42, „Sommernächte laden zum Träumen ein") .

Film: Verschollen (USA 2000)

Ein wunderschöner Film über die Kunst, auf einer Insel zu überleben. Als moderner Robinson Crusoe fasziniert Tom Hanks in der Hauptrolle. Während der Darstellung des Inselaufenthalts wird ganz auf Filmmusik verzichtet; der Film strahlt eine wohltuende Ruhe aus.

„Inselerinnerungen"

Zitate zum Thema Stress bzw. Stressbewältigung oder Ermutigung können auf vorbereitete Kärtchen in Muschelform geschrieben werden. Jede Teilnehmerin kann am Schluss ihre Muschel „sammeln" und als „Inselerinnerung" mit nach Hause nehmen.

Hier einige Beispiele:

„Haben Sie keine Angst vor dem Stress, den ein volles Leben mit sich bringt; seien Sie auch nicht so naiv zu glauben, es gäbe wirkliches Leben ohne ein gewisses Maß an kluger Überlegung und Planung ... Ein Leben ganz ohne Stress ist der Tod."
Hans Selye

„Sorgen, die wir uns heute machen, nehmen uns nicht die Sorgen von morgen, sondern die Kraft für den heutigen Tag."
Corrie ten Boom

„Es gibt nichts, was dem Körper so zusetzt wie das Sorgen, und wenn jemand an Gott glaubt, sollte es ihm unmöglich sein, sich über irgendetwas Sorgen zu machen."
Mohandas Gandhi

„Mein Vater lehrte mich zu arbeiten, aber nicht die Arbeit zu lieben. Ich mochte die Arbeit nie und versuche auch nicht, dies zu leugnen. Viel lieber lese ich, erzähle Geschichten oder Witze, unterhalte mich oder lache. Alles ist mir lieber, als zu arbeiten."
Abraham Lincoln

„Wir glauben immer, Gott könne nichts tun, solange wir voller Schwächen, Fehler und Sünden stecken. Wir vergessen dabei, dass Gott ein Spezialist ist – nämlich darin, unsere Fehler in seinen Plan mit einzubauen."
Herbert Wenzelmann

„Das allerbeste Mittel gegen die Sorgen ist augenblicklich, sich um die anderen kümmern zu müssen."
Carl Hilty

„Sorgt zuerst darum, dass ihr euch Gottes Herrschaft unterstellt, und tut, was er verlangt, so wird er euch mit allem anderen versorgen."
Matthäus 6,33

„Stress ist die einzig ausgewiesene Möglichkeit, den Zeiger unserer Lebensuhr zu verlangsamen."
Hoimar von Ditfurth

„Lasst uns dem Leben trauen, weil wir es nicht allein zu leben haben, sondern Gott es mit uns lebt."
Alfred Delp

„Wer seinen Nächsten verurteilt, der kann immer irren. Wer ihm verzeiht, der irrt nie."
Karl Heinrich Waggerl

„Wenn Gott den Menschen misst, legt er das Maßband nicht um den Kopf, sondern immer nur um das Herz."
Irisches Sprichwort

„Warum sich sorgen? Gott ist mächtig."   M. Luther King, Jr.

„Der Herr ist mein Hirte. Mir wird nichts mangeln."
Psalm 23,1

„Von allen Seiten umgibst du mich, mein Gott,
und hältst deine schützende Hand über mir."
Psalm 139,5

Liedvorschläge

Vom Aufgang der Sonne (LfG 327)
Herr, du gibst uns Hoffnung (GLB 469, LfG 330)
In der Stille angekommen (LL 88)

11. Sprichwörtliches aus der Bibel – Vom Licht unter dem Scheffel

Thematischer Rahmen – Biblischer Horizont

Viel mehr Sprichwörter und Redensarten, als uns gewöhnlich bewusst ist, haben ihren Ursprung in der Bibel. Deutlich ist das vielleicht noch in der Wendung: „Da wird man ja von Pontius zu Pilatus geschickt", die besagt, dass man wegen eines Anliegens schier endlose Laufereien hatte. Pilatus verbinden wohl viele noch mit der Bibel. Bei anderen sprichwörtlichen Redensarten ist uns diese Herkunft nicht mehr so bewusst. Ebenfalls aus der Passionsgeschichte stammt die Floskel: „Ich wasche meine Hände in Unschuld." Biblisch sind auch zu Lebensweisheiten gewordene Sätze wie: „Man wirft die Perlen nicht vor die Säue" oder: „Man stellt sein Licht nicht unter einen Scheffel" aus der Bergpredigt Jesu.

Um dieses letztere Wort soll es heute gehen. Wir verstehen es zunächst im landläufigen Sinn als eine Ermutigung, die eigenen Gaben und Fähigkeiten nicht zu verstecken, sondern sie einzusetzen, zur eigenen Freude und zum Nutzen für andere. In einem zweiten Schritt bedenken wir dann den Kontext, in dem Jesus dieses Wort gesagt hat: seinen Hinweis auf sich selbst als das „Licht der Welt", das die, die zu ihm gehören, empfangen – nicht um es zu verstecken, sondern um damit die Welt zu erleuchten. Das zugrunde liegende Bibelwort lautet: „Ihr seid das Licht, das die Welt erhellt. ... Man zündet ja auch keine Lampe an und deckt sie dann zu. Im Gegenteil: Man stellt sie so auf, dass sie allen im Haus Licht gibt. Genauso soll euer Licht vor allen Menschen leuchten. An euren Taten sollen sie euren Vater im Himmel erkennen und ihn auch ehren" (Matthäus 5,15, Hoffnung für alle).

Die Bibelworte, die sprichwörtlich geworden sind, berühren unsere Alltagserfahrung besonders eng. Wir sind es eher gewohnt, einen biblischen Text in unseren Alltag zu übertragen. Heute gehen wir den umgekehrten Weg: Wir holen ein „alltägliches" Wort zurück in den biblischen Zusammenhang.

Ziele

- Zusammenhang zwischen Sprichwörtern und Bibelwort entdecken
- das Sprichwort: „Man stellt sein Licht nicht unter den Scheffel" kreativ umsetzen
- die eigene Haltung gegenüber den eigenen Gaben und Fähigkeiten reflektieren
- Ermutigung zum Einsetzen der eigenen Gaben erfahren

Vorbereitung

- Kopien von Bibeltext Matthäus 15,14-16 für alle.
- Plakate mit Sprichwort: „Man stellt sein Licht nicht unter einen Scheffel"
- mehrere kleine Eimer und Leuchter; Requisiten für Anspiele in den Gruppen
- Plakate für Lösungsideen
- Papier DIN A4, Stifte
- Meinungsbild: Frage und Skala auf DIN A4-Papier: „Neige ich eher dazu, meine Gaben zu verstecken oder zu „verstrahlen"?"
- großes Tuch
- viele verschiedene Leuchter, Teelichter, Kerzen usw., Feuerzeug
- Lied: Licht und Salz

Verlaufsskizze

1. Einleitung: Bühne frei
Anspiele	ca. 45 min.
Austausch über die Anspiele	5 min.

2. Erarbeitung: Gaben einsetzen und entfalten
Meinungsbild: Neige ich eher dazu, meine Gaben zu verstecken oder zu „verstrahlen"?	5 min.
Kurze Reflexion	7 min.
Lösungsideen: Was brauche ich, um meine Gaben einsetzen zu können?	10 min.

Gruppengespräch: Matthäus 5,14-16   15 min.
Reflexion: Licht der Welt sein –
Überforderung oder Ansporn?   15 min.

3. Abschluss: Ein Licht auf dem Leuchter
Texte und Gebet   10 min.

Durchführung

1. Einleitung: Bühne frei

Material: Notizpapier, Stifte und Sprichwort, für jede Gruppe einen Eimer und eine Kerze bereit halten
Zu Beginn bilden wir Kleingruppen (zu mindestens 3, höchstens 8 Personen). Bilden Sie lieber mehrere kleinere Gruppen als zu große. Jede Gruppe erhält ein Plakat mit dem Satz: „Man stellt sein Licht nicht unter den Scheffel." Die Leiterin sollte darauf achten, dass der Satz zunächst nicht kommentiert wird – das nimmt den spontanen Zugang und lähmt unter Umständen den Ideenfluss. Dieser Einstieg sollte vor allem Spaß machen und spielerisch zur Thematik hinführen. Wichtig ist allerdings, dass die „Spielregeln" gut erklärt werden. Diese können auch schriftlich in die Kleingruppen mitgegeben werden.

Arbeitshinweis/Spielregeln
- Das Plakat gibt Ihnen das Thema an. Überlegen Sie zunächst jede für sich, in welchen Alltagssituationen dieser Satz gesagt werden könnte.
- Erfinden Sie gemeinsam ein kleines Anspiel, das dieses Sprichwort lebendig werden lässt.
- Als Requisiten bekommen Sie einen Eimer und eine Kerze (ggf. weitere Utensilien anführen ...) mit.
- Stilistisch ist alles denkbar: Kabarett, Sketch, Pantomime, Oper, Vortrag auf einer „Tupperparty" oder in der Familienbildungs-stätte ... Es sollte aber max. 5 min. lang sein.
- Für die Vorbereitung haben Sie 20 min. Zeit.
  Viel Spaß!

Nach dieser Zeit spielen die Gruppen im Plenum ihre Stücke vor. Es kann sich ein kurzer Austausch anschließen:
- Was ist Ihnen bei den Beschäftigung mit dem Sprichwort aufgefallen?

2. Erarbeitung: Gaben einsetzen und entfalten

Material: Textkopien Bibelwort, Meinungsbild + Skala, Plakat: Lösungsideen, Stifte

Meinungsbild

Eine kleine Meinungsumfrage konfrontiert persönlich, und jede Teilnehmerin ist gefragt, ihre eigene Position zu bestimmen. Die Skala reicht von „Unter dem Eimer" (verstecken) bis „Auf dem Leuchter" (einsetzen). Jede Teilnehmerin markiert ihre Position und erläutert evtl. den gewählten Standort kurz.

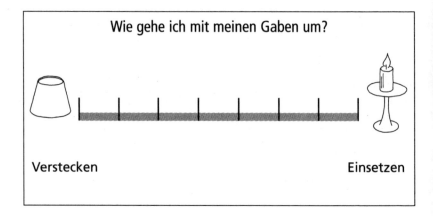

An diese „Standortbestimmung" schließt sich ein kurzes Gespräch an.

Gesprächsimpulse

- Was veranlasst uns eigentlich, lieber „unter den Eimer" zu kriechen?
- Was geschieht mit unseren Gaben, wenn sie versteckt werden?
- Was empfinde ich bei der Vorstellung, dass es von mir abhängt, ob es in meiner Umgebung etwas heller oder etwas dunkler ist?

Lösungsideen

Vermutlich werden im vorigen Schritt viele Teilnehmerinnen sich eher in der Nähe des Eimers angesiedelt haben. Deshalb sollte jetzt eine Hilfestellung zur „Positionsveränderung" erfolgen. Unter der Fragestellung: „Welche Schritte muss ich gehen, um meine Gaben einzusetzen?" werden Anregungen gesammelt und auf einem Plakat festgehalten. Das kann im Plenum geschehen, aber auch in den Kleingruppen (vom Anfang). Wählt man die Kleingruppenform, stellt jede Gruppe anschließend ihr Plakat mit den Ergebnissen kurz vor.

Mein Licht soll auf den Leuchter ...	
a) Welche Gaben habe ich bei mir schon entdeckt?	b) Welche Gaben haben andere schon an mir entdeckt?
c) Was mache ich richtig gern?	d) Was würde ich gern mal ausprobieren?
e) Was liegt mir richtig am Herzen?	f) Welche „Einreden" muss ich entkräften?
g) ...	h) ...

Gruppengespräch: Vom Sprichwort zum Bibelwort und zurück – Matthäus 5,14-16

Hintergrundinformationen für die Leiterin

„Man stellt sein Licht nicht unter den Scheffel"
Ein Licht unter einen Scheffel (Eimer) zu stellen, statt auf einen Leuchter zu setzen, ist eigentlich doppelter Unsinn. Das Licht erhellt dann nicht das Umfeld, und die Flamme erlischt auch nach kürzester Zeit. Und doch sieht sich Jesus veranlasst, seine Jünger noch einmal mit dem Hinweis auf diese Binsenweisheit zu ermutigen, nun auch das Licht, das sie empfangen haben, die frohe Botschaft von ihm als dem Licht der Welt wirklich leuchten zu lassen. Eine Ermutigung, die an ihrer Berechtigung bis heute an nichts verloren hat.

Aber nicht nur im Blick auf unser Glaubenszeugnis leben wir in dieser eigenartigen Gespaltenheit, einerseits unser Licht nicht unter den Scheffel stellen zu sollen und andererseits doch fern aller Überheblichkeit demütig und bescheiden zu bleiben. Das Wort vom Scheffel ist eben längst Allgemeingut geworden und bezieht sich auf alles, was uns an natürlichen Gaben und Begabungen geschenkt ist. Wie geht es uns damit?

Demut ist gut, darf aber nicht verwechselt werden mit falscher Bescheidenheit, angstvollen Komplexen und schwachem Selbstbewusstsein. Gaben können wir auch zeigen, wir müssen sie nicht unter den „Scheffel" stellen oder mit ihnen hinter dem Berg halten. Auch sie gehören auf den Leuchter. Bleiben wir im Bild:

Setzen wir unsere Gaben nicht ein, verkümmern sie. Sie verlöschen, wie eine Kerze unter dem Eimer.

Setzen wir sie ein, entfalten sie sich. Sie leuchten wie eine Kerze auf einem Leuchter.

Gaben sind gegeben, damit sie eingesetzt werden. Das ist ihr Sinn. Verstecken wir sie, verfehlen wir den Sinn. Wir selbst verkümmern und der Umwelt bleiben wir das Licht schuldig.

Ob es dabei um die geistlichen oder die natürlichen Gaben geht, ist erst einmal zweitrangig. Unsere Welt braucht heute Menschen, die sich einsetzen mit Kopf, Herz und Hand.

Gaben im sozialen oder karitativen, pädagogischen Bereich, Gaben im musischen, kreativen Bereich, intellektuelle Gaben werden genauso gebraucht wie Gaben in der Verkündigung und Seelsorge.

Der Bibeltext wird laut vorgelesen. Es schließt sich ein Gespräch an.

Gesprächsimpulse

- Inwiefern unterscheidet sich der Zielpunkt der Rede Jesu von unserem landläufigen Verständnis des Sprichwortes?
- Wie kommt Jesus dazu, seine Jünger als „Licht der Welt" zu bezeichnen? Kannte er sie und ihre Macken denn nicht?
- Welchem Ziel dient es nach den Worten Jesu, wenn Menschen ihr Licht leuchten lassen?
- Was empfinde ich bei der Vorstellung, „Licht der Welt" zu sein? Spornt mich das an? Macht es mir Angst? Oder ...?
- Welche „Scheffel" benutze ich als Zufluchtsort und warum?
- Gibt es irgendeinen Platz, der mein „Leuchter" sein könnte?

3. Abschluss: Ein Licht auf dem Leuchter

Material: viele Leuchter, Kerzen, Feuerzeug, großes Tuch

In die Mitte des Raumes legen wir ein großes Tuch, auf dem viele unterschiedliche Leuchter stehen. Eine große Kerze steht in der Mitte und wird schon angezündet. Jede Teilnehmerin bekommt eine Kerze, die sie dann später an der großen Kerze – vielleicht einer Osterkerze – entzünden kann. Wenn das Vertrauensklima in der Gruppe es ermöglicht, können die Teilnehmerinnen beim Entzünden der Kerze einen Dank für eine bestimmte Gabe formulieren.

Variation: Wertschätzungsrunde „Darin bist du ein leuchtendes Vorbild" (für Gruppen, die sich schon recht gut kennen)

Jede Teilnehmerin erhält einen Zettel und schreibt ihren Namen darauf. Nun werden die Zettel im Uhrzeigersinn weitergegeben, und jede schreibt zu dem jeweiligen Namen, was sie an dieser Teilnehmerin für Gaben und Fähigkeiten entdeckt hat – oder etwas Mutmachendes. Zum Schluss erhält jede ihren Zettel zurück.

Als Abschluss hören wir gemeinsam auf das Lied: Salz und Licht (s.u.)

Anhang

Salz und Licht

Refrain: Salz und Licht, Mut und Hoffnung, die Welt braucht Menschen, die die Zukunft baun. Salz und Licht, Mut und Hoffnung wachsen dort, wo wir auf Gott vertraun.

1. *Wie das Salz, das die Würze bringt, wenn Essen fade schmeckt. Wie das Licht in der Dunkelheit, das neue Hoffnung weckt. Wie die Stadt hoch am Berg gebaut, die Täler überragt. So sind wir, wenn wir Gott vertraun / und tun, was er sagt.*

2. *Wenn das Salz nicht die Suppe würzt, verliert es seinen Sinn. Wenn das Licht nur im Keller scheint, fällt man im Dunkeln hin. Wo der Mut und die Hoffnung fehl'n, hat Gott uns hingestellt. Seine Boten sind das Salz und das Licht für die Welt.*

Text: Christoph Zehendner, Musik: Manfred Staiger, © 1995 Felsenfest Musikverlag, Wesel.

Das Lied ist eher ein Vortragsstück zum Zuhören. Gesangsbegabte werden es auch selbst singen können.

Weitere Bausteine

Liedvorschläge

Ihr seid das Salz der Erde (GLB 543, LfG 111)
Gut, dass wir einander haben (GLB 207, LfG 407)

Gabentest

Es gibt einige gute Gabentests. Vielleicht haben einige Teilnehmerinnen oder die ganze Gruppe Lust, gemeinsam einen Test zu machen

und sich darüber auszutauschen.
Michaela Kast, Paul Donders; *Fähigkeits-Workshop,* pmt Power
Management Team, Arminius Str. 81, Dortmund.
Paul Ch. Donders, *Kreative Lebensplanung – Entdecke deine Beru-*
fung. Entdecke dein Potential – Beruflich und privat, Schulte und
Gerth 1997.
Christian A. Schwarz; *Die drei Farben deiner Gaben – Wie jeder*
Christ seine natürlichen und geistlichen Gaben entdecken und entfal-
ten kann; C&P Verlag 2001.
Richard Rohr, Andreas Ebert; *Das Enneagramm – Die 9 Gesichter*
der Seele; Claudius Verlag, München 1989.

Vorlesetext

Das Geheimnis der Güte Gottes

In einem schönen Garten standen eine Rose, eine Sonnenblume, ein
Stiefmütterchen, eine Gladiole, ein Gänseblümchen und ein Vergissmeinnicht.
Eines Tages kam jemand in diesen schönen Garten, sah die vielen
schönen Blumen und bewunderte sie. Dann nahm er ein Metermaß
aus seiner Tasche und fing an, alle Blumen zu messen: ihre Größe und
die Weite ihrer Blüte.
Dann ging der Mann wieder weg.
Selbstbewusst stand die Sonnenblume auf ihrem hohen Stängel und
dachte: „So groß und stark wie ich ist keiner!!!!" Darüber regte sich
die Rose auf und sagte: „Aber keiner duftet so herrlich und ist so
schön wie ich." „Pfff …", dachte die Gladiole, „wie können die
beiden so reden! Was heißt hier Größe und Duft. Keine von den
beiden hat doch so schöne Blüten wie ich."
Das Stiefmütterchen, das Gänseblümchen und das Vergissmeinnicht
wurden kleiner und kleiner, als sie das alles hörten. Da tröstete das
Gänseblümchen das Vergissmeinnicht und sagte: „Zum Glück
werden wir von vielen Menschen sehr geliebt." „Ja", sagte das
Vergissmeinnicht, „nicht umsonst nennt man mich ‚Vergissmeinnicht'." Da sprach das Stiefmütterchen: „Wie könnt ihr nur so

denken! Wie könnt ihr euch messen nach Größe und Stärke, nach Duft und Farbenpracht! Habt ihr vergessen: Ob groß oder klein, ob stark oder schwach, jedem von uns gab der Schöpfer sein eigenes Kleid, in seinen Augen sind wir alle gleich schön. Jedem von uns schenkt er in gleichem Maß das Licht und die Wärme der Sonne. Jeden von uns tränkt er in gleichem Maße mit seinem Regen. Das ist das Geheimnis seiner Güte."

Zur Dekoration
Gänseblümchen und/oder Vergissmeinnicht bzw. Stiefmütterchen in einer Schale in die Mitte des Raumes oder jede Teilnehmerin bekommt beim Vorlesen der Geschichte ein Gänseblümchen oder Vergissmeinnicht in die Hand.

12. Von wegen ein Hut! –
Mut zur Kreativität

Thematischer Rahmen – Biblischer Horizont

Im Jahr 2000 haben wir den 100. Geburtstag des berühmten Fliegers und Dichters Antoine de Saint-Exupéry gefeiert. Er war ein hervorragender Pilot mit einem scharfen wissenschaftlichen Verstand und Einsicht in technische Zusammenhänge. Er verfügte über Mut und die Entschlossenheit, in einer Zeit, in der die Fliegerei noch in den Kinderschuhen steckte und eine Wüstenüberquerung noch Risiko bedeutete, gerade diese Herausforderung anzunehmen. Und zugleich war er ein hoch sensibler, sprachbegabter Mensch, der seine Existenzkrisen – mehrmalige Flugzeugabstürze in der Wüste, Überleben in tiefer Einsamkeit, Ausharren zwischen Leben und Tod – literarisch zu verarbeiten und auszudrücken vermochte. Sein bekanntestes Werk mit deutlichen autobiografischen Zügen ist wohl „Der Kleine Prinz". Was fasziniert Menschen an diesem Buch? Ist es der Rückblick in kindliche Unschuld oder das Eintauchen in die Welt der Träume? Ist es die traurig-sehnsüchtige Bestandsaufnahme der sinnentleerten Welt der Erwachsenen? Bekommt die Sehnsucht nach verlorenen Werten in dem unbedingten Glauben an die Liebe Gestalt? Oder verkörpert der „Kleine Prinz" eine Welt der Treue, der Freundschaft und des uneingeschränkten Bemühens umeinander und füreinander?
Im Zusammenhang mit unserem Fragen nach Kreativität beschäftigen wir uns mit dem ersten Kapitel, der berühmten Zeichnung: „Riesenschlange verschlingt einen Elefanten". Im ersten Kapitel kommt der Erzähler mit einer Kindheitserinnerung zu Wort. Fasziniert von den Abenteuern des Dschungels hat er eine Zeichnung von einer Riesenschlange, die einen Elefanten verschlungen hat, angefertigt.
Enttäuscht von den Kommentaren und Deutungen „der großen Leute", die in dem Bild lediglich einen Hut gesehen haben, hat er die „großartige Laufbahn eines Malers" aufgegeben und sich der Fliegerei zugewandt, bis es zu einem Flugzeugabsturz in der Wüste Sahara kommt.

Wir nehmen diese Szene zum Ausgangspunkt für unser Nachdenken über Kreativität. Was ist Kreativität? Was blockiert sie? Was verhilft ihr zur Entfaltung? Dabei wird es zunächst darum gehen müssen, den Begriff Kreativität zu klären. Um Missverständnissen vorzubeugen: Es geht nicht nur um Malen, Stricken, Handarbeiten ... Auch unser Denken kann kreativ, innovativ und phantasievoll sein oder langweilig und eingefahren. Kreativität kann eine große Rolle spielen, wenn es darum geht, Probleme zu lösen oder neue Ideen zu entwickeln.

Oft blockieren wir kreative Ideen durch vorschnelle Beurteilung. Wie viel Freude an Kreativität ist schon in der Kindheit im Keim erstickt worden durch die „großen Leute", die „Noten" geben, aus ihrer Sicht herumdeuten, be- und verurteilen und interpretieren! Der Erzähler im Kleinen Prinzen gibt auf und beendet einen Weg, der viel versprechend begonnen hatte. Was stellt sich uns in den Weg und hält uns auf?

Kreativität ist das große Thema der Schöpfung und des Schöpfers. Gott, der „Creator", hinterlässt seine Spuren in der vielfältigen Schöpfung, die auf ihren genialen Schöpfer hinweist, der über einen unausschöpflichen Ideenreichtum verfügt. Und der dem Menschen, den er als Abbild und Ebenbild seiner selbst geschaffen hat, Anteil gibt an dieser Gabe, schöpferisch, gestaltend, formend tätig zu sein. Gott stellt dem Menschen die ganze Schöpfung als „Wirkungsraum" seiner Kreativität zur Verfügung: einen Garten, den wir bebauen und bewahren sollen. Sollten wir also diese Gabe der Kreativität nicht auch einsetzen, ihr Raum geben und sie leben lassen?

Ziele

- Kreativität als Gabe Gottes erkennen
- Auszug aus dem „Kleinen Prinzen" in Beziehung zum Thema setzen
- herausfinden, was Kreativität blockiert
- Freude an der Kreativität teilen
- zum „Ausbruch" aus allzu Gewohntem ermutigen

Vorbereitung

- Papierkärtchen (in Form von Hüten, zwei Farben), mehrere für jede Teilnehmerin, Stifte
- Zeichnungen „Riesenschlange verschlingt Elefanten", vergrößert (s. Anhang)
- Material für „Blumentopfstecker" in Hutform: Schaschlikspieße aus Holz, Schablone Hutformen, Stifte, Scheren, Klebstoff, Fotokarton in verschiedenen Farben, Tonpapier, schmale Bänder für Schleifen, Tortenspitze, alte Knöpfe, Stroh ... Der Kreativität sind keine Grenzen gesetzt!
- Ggf. Bibeltext 1. Mose 1, Kopien für jede Teilnehmerin

Verlaufsskizze

1. Einführung: Von wegen ein Hut
Bildbetrachtung   5 min.
Text und Gespräch: Der Kleine Prinz Kap. 1   15 min.

2. Erarbeitung: Hüte dich
Was ist Kreativität? Der kreative Prozess   10 min.
Textarbeit: 1. Mose 1   15 min.
(Ggf. Impulsreferat: Blockaden)   3 min.
Erfahrungsaustausch: „Kreativitätskiller" und
Kreativitäts„freisetzer" (Aktion und Gespräch)   20 min.

3. Abschluss: Deswegen ein Hut
Aktion: Wir basteln unseren Hut   20 min.

Durchführung

1. Einführung: Von wegen ein Hut

Bildbetrachtung: Riesenschlange verschlingt Elefanten

Für alle sichtbar hängen wir das Bild von der Riesenschlange (s. Abb. 1 im Anhang, vergrößert) an die Wand. Wahrscheinlich ist es einigen Teilnehmerinnen bekannt, diese sollten sich erst einmal mit ihren Äußerungen zurückhalten.

Gesprächsimpuls
- Was stellt diese Zeichnung dar?

Text: Der Kleine Prinz, Kap. 1

Der Text zur „Entstehungsgeschichte" des Bildes (s. Anhang) wird vorgelesen. Dabei werden die beiden Zeichnungen (s. Anhang, vergrößerte Kopie) für alle sichtbar aufgehängt.

Gesprächsimpulse
- Welche Empfindungen löst diese Geschichte in Ihnen aus?
- Über welche prägende Erfahrung berichtet der Erzähler?
- Mit wem können Sie sich eher identifizieren – mit den „Großen Leuten" oder mit dem jungen Künstler?
- Welche Folgen wird es für den Erzähler gehabt haben, dass er „eine großartige Laufbahn aufgab"?
- Haben Sie in Ihrer Kindheit ähnliche Erfahrungen gemacht?

2. Erarbeitung: Hüte dich

Metaphernmeditation und Gespräch: Was ist Kreativität?

Die Teilnehmerinnen werden gebeten, den folgenden Satzanfang zu ergänzen: *Kreativ sein ist für mich wie ...*
Die gefundenen Bilder und Vergleiche werden auf einem Plakat notiert und dienen als Ausgangspunkt für das anschließende Gruppengespräch zum Thema: Kreativität – was ist das eigentlich?

Gesprächsimpulse
- Entdecken Sie Gemeinsamkeiten in den Bildern, die wir zusammengetragen haben?
- Welche „Facetten" von Kreativität werden deutlich?
- In welchen Bereichen erleben Sie sich in Ihrem Leben als besonders kreativ?
- Wo vermissen Sie vielleicht Kreativität?

Hintergrundinformation für die Leiterin

Folgende Aspekte könnten im Gruppengespräch zur Sprache kommen oder von der Leiterin als kurzes Impulsreferat eingebracht werden: „Jung ist er, leicht geht er von der Zunge, schnell wird er gefordert, vielfach schillert er – der Begriff Kreativität. Ob er im Bereich der Psychologie verwendet wird oder im Bereich der Kunst, jeder versteht darunter etwas anderes. So wundert es nicht, wenn auch Wissenschaftler zugeben, dass sich Kreativität nicht endgültig definieren lässt."[8] Das sind die einleitenden Worte zu einem Buch, das sich mit kreativen Denkprozessen beschäftigt. Die Autoren greifen dann zu dem Mittel, den Begriff Kreativität mit Hilfe von Metaphern zu beschreiben. Dabei kommen sie auf folgende:

„Für uns ist kreativ sein z.B. wie:
... die erste Wunderkerze im Leben
... ein Feuerwerk anzünden
... ein schillernder Regenbogen
... eine Wunderkerze zum Sternsprühen bekommen
... das disziplinierteste Durcheinander
... eine Befreiung aus der Zwangsjacke".[9]

Bei all den Bildern, die auch wir für Kreativität gefunden haben, wird deutlich: Kreativität hat etwas Sprühendes, Farbiges, Nicht-Alltägliches, Befreiendes, Erneuerndes, Lebendiges.

---

8   Otto Georg Wack, Georg Dettlinger, Hildegard Grothoff; *Kreativ sein kann jeder;* Windmühle GmbH, Verlag und Vertrieb von Medien 1993, S. 1.
9   a.a.O. S. 1.

Der kreative Prozess
(Impulsreferat bzw. Information für die Leiterin)

Die folgenden Überlegungen können als Impulsreferat vorgetragen werden.

Alternative: Die Schritte im kreativen Prozess anhand des Bibeltextes 1. Mose 1 im Gespräch erarbeiten.

Am Beispiel eines Gemäldes, das wir in der Kunstgalerie betrachten, wird sehr gut deutlich, wie sich Kreativität äußert.

Halten wir uns einmal (im Zeitraffer) vor Augen, wie ein Bild entsteht:

- Der Maler hat zunächst eine Idee zu einem Motiv.
- Er hat das nötige Material: Pinsel, Farben, Leinwand.
- Er verfügt über Fertigkeiten.
- Er bringt die Idee auf die Leinwand – vielleicht zunächst nur in Form von Skizzen.
- Aus einer Reihe von „Versuchen" entsteht schließlich das Kunstwerk.

Kreativität ist ein Weg. Die Idee ist noch nicht das fertige Werk. Nur die Idee reicht nicht aus. Ich muss sie auch umsetzen können. Fantasie, handwerkliche Übung und Fähigkeiten, Einsatz von Energie, Zeit und Konzentration ... all das kommt zusammen in einem kreativen Prozess: von der Idee über die Ausführung zur Betrachtung oder von Überlegungen, bevor es losgeht, über die Handgriffe, während das Werk entsteht, zum Betrachten danach.

Textarbeit: 1. Mose 1

Material: Textkopien 1. Mose 1 für jede Teilnehmerin
Zur Einführung: Die Bibel stellt uns gleich zu Anfang Gott als den Meister der Kreativität vor: Er ist der Schöpfer des Himmels und der Erde, die ganze Schöpfung das Ergebnis eines großartigen, kreativen Prozesses.
Der Text wird vorgelesen.

Gesprächsimpulse
- Wenn Sie Kindern diese Geschichte nahe bringen müssten – was würden Sie vor allem deutlich machen? Was sollten die Kinder behalten?
- Was, glauben Sie, ist wohl die „treibende Kraft", Gottes Hauptmotiv, für dieses Schöpfungswerk gewesen?
- Stellen Sie sich vor, was dem Akt der Schöpfung Gottes vorangeht!
- Welche Fertigkeiten, Möglichkeiten, stehen Gott *während* des Schöpfungswerks zur Verfügung?
- Wie beurteilt Gott sein Werk *danach*?
- Worin unterscheidet sich der kreative Prozess Gottes von dem des Menschen? Worin gleichen sich beide?
- Was, glauben Sie, macht die „Gottebenbildlichkeit" des Menschen aus? Bedeutet diese Aussage Ihnen etwas im Blick auf Ihr Selbstverständnis? Was? Worin wirkt sie sich in Ihrem Leben aus?

Hintergrundinformation für die Leiterin

- Gott hatte die Idee, eine Vorstellung vom Himmel, von der Erde, vom Kosmos, den er ins Leben rufen wollte.
- Er hatte die Fertigkeiten, sein schöpferisches Wort: „Er sprach und es wurde."
- Es entstehen Licht und Finsternis, Abend und Morgen, Wasser und Land und Pflanzen, Sonne und Mond, Tiere und schließlich der Mensch. Letzter Schritt im biblischen Schöpfungsbericht ist die Beurteilung des Werkes. Nach jedem Schöpfungstag sprach Gott: „Und siehe, es war gut."
- Während der Mensch Material benötigt, schafft Gott aus dem Nichts.
- Und der Mensch – als Ebenbild Gottes – wird begabt und beauftragt, selbst an diesem Schöpfungswerk teilzunehmen, indem er die Schöpfung bebaut, gestaltet und bewahrt.

Kreativitätsblockaden (Hintergrundinformation oder Kurzimpuls)

Könnte es sein, dass wir kreative Prozesse stören, weil wir die Beurteilung und Bewertung voreilig vorziehen? Kommt bei uns nicht oft nach einer Idee sofort die Beurteilung: Idee schlecht, Idee nicht brauchbar usw. Oder es kommen Einwände wie: Das kann ich aber nie im Leben umsetzen. Es fehlt mir an Fertigkeiten. Die Mittel stehen nicht zur Verfügung. Andere können es besser usw. Alles das sind die Stimmen der „großen Leute".

Die Kreativitätsforschung gibt verschiedene Ursachen und Faktoren für Blockaden an: psychischer und sozialer Druck aus Umwelt, festgefahrenen Strukturen, Macht der Routine, Erziehung usw. Im Umgang mit Blockaden empfiehlt sie, die Ideenfindung ganz konsequent von der Ideenbewertung zu trennen. Um uns zu sensibilisieren für diese Blockaden, die Kreativität hemmen, und auch für alles, was Kreativität fördert, tragen wir gemeinsam Hilfen und Hindernisse für kreatives Tun und Denken zusammen.

Erfahrungsaustausch: Hüte dich vor Kreativitätskillern

Material: Jede Teilnehmerin bekommt einen kleinen Stapel Hüte einer Farbe (aus Papier), Stifte

In einem nächsten Schritt geht es darum, zu formulieren, welche Kreativitätskiller wir kennen und wie wir sie vermeiden können. Wir gehen dabei in der Fragestellung den paradoxen Weg. Die Erfahrung hat gezeigt, dass die Ideen manchmal besser fließen, wenn die Frage negativ gestellt ist.

Auf jeden „Hut" kann eine Antwort auf den folgenden Impuls notiert werden:

Welche Regeln muss ich aufstellen, damit ich möglichst viel Kreativität verhindere?

Aus den zusammengetragenen „Hüten" entwickeln wir nun einen Katalog der „Kreativitätskiller". Die Sammlung kann an der Pinnwand festgehalten werden und könnte etwa so aussehen:

Was muss ich tun, damit Kreativität verhindert wird?

Verurteile Kunstwerke!

Halte an Traditionen fest!

Traue dir nicht zu, dass du originell sein kannst.

Glaube fest daran, dass andere sowieso besser sind!

Glaube an das Märchen von den zwei linken Händen!

Sei immer sehr kritisch mit dir!

Lobe niemals eine neue Idee!

Bedenke stets alle möglichen Gefahren sorgfältig im Voraus!

...

In einem zweiten Schritt können wir nun (auf den andersfarbigen Hutkärtchen) auch Positivregeln formulieren: *Liste alles auf, was Kreativität fördert. Etwa:*

- Sei offen für neue Gedanken.
- Trau dir etwas zu.
- Entdecke deine Fähigkeiten.
- Vergleiche dich nicht mit anderen.
- Freue dich an originellen Ideen.
- ...

Ein abschließendes Gespräch bringt eigene Erfahrungen mit den gefundenen Regeln zur Sprache.

Impulsfragen für den Austausch
- Welche Erfahrungen haben Sie mit Kreativitätskillern bzw. -förderern gemacht?
- Welche Regel ist in Ihrem Leben besonders wirksam?
- Welche möchten Sie stärker berücksichtigen?

3. Abschluss: Deswegen ein Hut

Zum Schluss werden wir alle kreativ und gestalten unseren eigenen „Hut" – als kleine Merkhilfe, die uns im Alltag daran erinnert, nicht den „Killerphrasen", sondern den „Freisetzern" Einfluss auf unser Denken und Tun zu geben. Jede Teilnehmerin wird ein Kunstwerk nach Hause tragen. Die bunten Hüte aus Tonpapier sehen in Blumentöpfen sehr dekorativ aus.

Variation: Denkbar ist auch, auf vorbereitete Schablonen einen Bibelvers oder eine der gefundenen „Freisetzer für Kreativität" zu schreiben. Jede Teilnehmerin tut dies für ihre Nachbarin – und diese kann eine Ermutigung oder Erinnerung mit nach Hause nehmen.

Ergänzende Bausteine

Kreativitätsfördernde Verhaltensweisen und Eigenschaften

- Offenheit und Toleranz
- Kritik- und Konfliktfähigkeit
- Problemsensibilität
- Flexibilität
- Mut zu unkonventionellen Lösungsideen
- Risikobereitschaft
- Neugier und Initiative
- Fähigkeit zu „vernetztem Denken"

Verbotene Killerphrasen

- Daraus wird nie etwas!
- Ja, aber ...
- Das lässt sich bei uns nicht machen.
- Das geht nicht.
- Das gab es noch nie.
- Wer soll das bezahlen?
- Ich kann das nicht.

- Dazu ist die Zeit noch nicht reif.
- Es weiß doch jeder, dass ...
- Das ist zu teuer.
- Das klappt doch nie.
- Bei uns doch nicht.
- Das ist zu neumodisch.
- ...

Weiterführende Bibeltexte

Die Kreativität der Liebe oder: Wie man aus einer todsicheren Alternative einen Ausweg findet, der zum Leben führt (Jesus und die Ehebrecherin, Johannes 8,3-11).

Liedvorschläge

Sonne, Mond und Sterne (LL 30)
Vergiss es nie, dass du lebst (Du bist du) (LL 67)
Wir tanzen auf den Mauern (LL 139)
Vertraut den neuen Wegen (EG 395)

Anhang

„Als ich sechs Jahre alt war, sah ich einmal in einem Buch über den Urwald, das „Erlebte Geschichte" hieß, ein prächtiges Bild. Es stellte eine Riesenschlange dar, wie sie ein Wildtier verschlang.

In dem Buche hieß es: „Die Boas verschlingen ihre Beute als Ganzes, ohne sie zu zerbeißen. Daraufhin können sie sich nicht mehr rühren und schlafen sechs Monate, um zu verdauen."

Ich habe damals viel über die Abenteuer des Dschungels nachgedacht, und ich vollendete mit einem Farbstift meine erste Zeichnung. Meine Zeichnung Nr. 1. So sah sie aus:

Ich habe den großen Leuten mein Meisterwerk gezeigt und sie gefragt, ob ihnen meine Zeichnung nicht Angst mache.

Sie haben mir geantwortet: „Warum sollen wir denn vor einem Hut Angst haben?"

Meine Zeichnung stellte aber keinen Hut dar. Sie stellte eine Riesenschlange dar, die einen Elefanten verdaut. Ich habe dann das Innere der Boa gezeichnet, um es den großen Leuten deutlich zu machen. Sie brauchen ja immer Erklärungen.

Hier meine Zeichnung Nr. 2:

Die großen Leute haben mir geraten, mit den Zeichnungen von offenen und geschlossenen Riesenschlangen aufzuhören und mich mehr für Geographie, Geschichte, Rechnen und Grammatik zu interessieren. So kam es, dass ich eine großartige Laufbahn, die eines Malers nämlich, bereits im Alter von sechs Jahren aufgab. Der Misserfolg meiner Zeichnungen Nr. 1 und Nr. 2 hatte mir den Mut genommen. Die großen Leute verstehen nie etwas von selbst, und für die Kinder ist es zu anstrengend, ihnen immer und immer wieder erklären zu müssen.

Ich war also gezwungen, einen anderen Beruf zu wählen und lernte fliegen. Ich bin überall in der Welt herumgeflogen, und die Geographie hat mir dabei wirklich gute Dienste geleistet. Ich konnte auf den ersten Blick China von Arizona unterscheiden. Das ist sehr praktisch, wenn man sich in der Nacht verirrt hat.

So habe ich im Laufe meines Lebens mit einer Menge ernsthafter Leute zu tun gehabt. Ich bin viel mit Erwachsenen umgegangen und habe Gelegenheit gehabt, sie ganz aus der Nähe zu betrachten. Das hat meiner Meinung über sie nicht besonders gut getan.

Wenn ich jemanden traf, der mir ein bisschen heller vorkam, versuchte ich es mit meiner Zeichnung Nr. 1, die ich gut aufbewahrt habe. Ich wollte sehen, ob er wirklich etwas loshatte. Aber jedes Mal bekam ich die Antwort: „Das ist ein Hut." Dann redete ich mit ihm weder über Boas, noch über Urwälder, noch über die Sterne. Ich stellte mich auf einen Standpunkt. Ich sprach mit ihm über Bridge, Golf, Politik und Krawatten. Und der große Mensch war äußerst befriedigt, einen so vernünftigen Mann getroffen zu haben."

Aus: Antoine de Saint-Exupéry, „Der Kleine Prinz", © 1950 und 1998 Karl Rauch Verlag, Düsseldorf, Kapitel 1.

Kopiervorlagen

Beim Kopieren vergrößern.

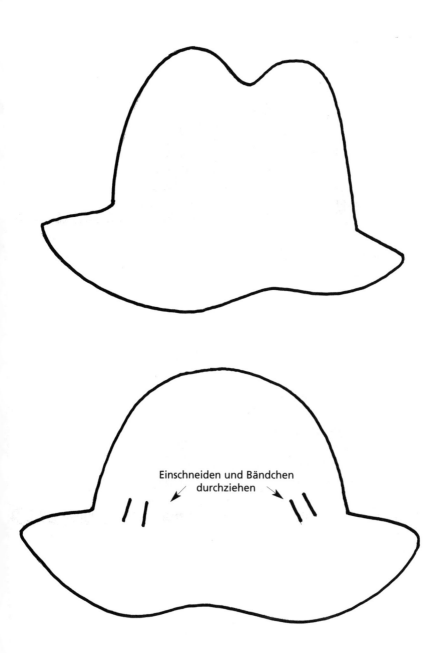

Einschneiden und Bändchen
durchziehen

13. Feste feiern, wie sie fallen –
„... damit mein Haus voll werde" (Lukas 14,23)

Thematischer Rahmen – Biblischer Horizont

Immer wieder haben wir Anlässe, Feste zu feiern. Das reicht von zyklisch wiederkehrenden Festen ganz persönlicher Art wie Geburts- und Hochzeitstagen oder anderen Jubiläen über christliche Feiertage wie Weihnachten, Ostern und Pfingsten und persönliche Festtage anlässlich einer bestandenen Prüfung oder biografischen „Meilensteinen" wie Taufe, Trauung, Konfirmation, Abschlussfeiern bis hin zu den gesetzlichen und politischen Festtagen. Wolfgang Vorländer schreibt: „Gott ist der große Freund und Liebhaber des Lebens. Sein Geist erweckt zur Freude am Dasein und führt in die Freiheit gottverdankter Geschöpflichkeit. Im Genießen und Feiern rühmen wir die Gabe des Lebens im Angesicht und inmitten aller Lebensbehinderungen und Lebensverhinderungen durch Sünde und Tod. Darum ist jedes frohe und frohmachende Fest eine Liebeserklärung und ein Dankeschön an den Schöpfer dieser Welt."[10] Wie jede Gabe, kann auch diese in verkrusteter Tradition erstarren oder aufgrund von Beziehungsschwierigkeiten zum Familienkrach führen. Doch jedes gelungene Fest hat etwas Erneuerndes und Belebendes.

Im Neuen Testament erzählt Jesus das Gleichnis vom „Großen Abendmahl". Darin geht es um ein Fest, zu dem Gott einlädt. Die Botschaft des Neues Testaments ist die Einladungskarte an uns, in Beziehung zu Gott zu treten, seine Einladung nicht abzuschlagen, sondern dabei zu sein. Darüber hinaus geht es auch darum, selbst einladend zu sein: im persönlichen Leben, als Gesprächskreis und als Gemeinde.

---

[10] Wolfgang Vorländer, *Der Heilige Geist und die Kunst zu leben*, Aussaat, Neukirchen-Vluyn 1991, S. 138.

Ziele

- eigene Erfahrungen mit Festen und Festvorbereitung bewusst machen
- das Gleichnis vom Großen Abendmahl kennen lernen
- den Festcharakter der Guten Nachricht erkennen
- Ideen entwickeln, die Türen des eigenen Lebensbereichs zu öffnen
- Gemeinschaft und Festfreude erleben

Vorbereitung

- Im Nachbarraum ein festliches Büfett als Überraschung
- Bilder von festlich gedeckten Tischen, Festsälen usw. aus Zeitschriften oder Postkarten; auf die Rückseite schreiben wir eine Einladung zu unserem Überraschungsfest am Abschluss des Abends
- DIN A2-Bögen für Schreibgespräch, Stifte
- Textkopien: Lukas 14, 15-24, Fragenkatalog
- Stifte, Papier, Arbeitsblatt
- Ggf. Plakat: „... damit mein Haus voll werde"
- Liedblätter: s. unten angegebene Lieder

Verlaufsskizze

1. Einleitung
Erfahrungsaustausch: Festvorbereitung   7 min.

2. Erarbeitung
Schreibgespräch: Gott lädt uns ein (Kleingruppen)   20 min.
Texterarbeitung Lukas 14 und Gespräch   30 min.
Ggf. Aktion + Gespräch: Einladend werden   15 min.

3. Abschluss
Einladung und festliches Abendessen   offen

Durchführung

1. Einleitung: Große Ereignisse werfen ihre Schatten voraus

Material: Bilder – Einladungen, Papier, Arbeitsblatt

Die Mitte des Raumes dekorieren wir mit den Fotos, Bildern von festlich gedeckten Tischen usw. Kerzen und Blumen. Achten Sie darauf, dass niemand die Bilder umdreht, auf der Rückseite steht die Einladung zum Überraschungsbüfett.

Erfahrungsaustausch: Was gehört alles zur Vorbereitung einer Feier?

Gesprächsimpuls
Stellen Sie sich vor, sie müssten ein großes Fest vorbereiten; z.B. die Konfirmation Ihrer Tochter oder die Hochzeit des Sohnes, den 50. Geburtstag des Ehemannes oder den eigenen runden Geburtstag. Was gehört für Sie alles zur Vorbereitung eines Festes?
(Der Austausch kann ggf. auch in Kleingruppen stattfinden.)

2. Erarbeitung: Gott lädt uns ein ...

Material: DIN A2-Bogen, Stifte, Textkopien Bibeltext mit Fragen

Schreibgespräch (Kleingruppen, max. 5 Teilnehmerinnen)

An den Beginn der Beschäftigung mit dem Bibeltext stellen wir einen stummen Austausch in der Form eines Schreibgesprächs (s. vorn S. 14) zum Impuls: „Gott lädt uns ein zu seinem Fest ..." Dieser Austausch findet in Kleingruppen statt. Die Teilnehmerinnen haben Gelegenheit, sich vorzustellen, wie es ist, wenn Gott einlädt. Spontane Einfälle, Assoziationen, Fragen, Reaktionen, Ideen zum Impuls werden auf das Plakat geschrieben. In jeder Gruppe gibt es nur einen Stift, es wird nur schriftlich kommuniziert, für ca. 10 bis 15 Minuten. Anschließend kann noch 10 Min. im Gespräch in der Kleingruppe auf die Beiträge eingegangen werden. Dann kommen alle wieder im Plenum zusammen.

Texterarbeitung und geleitetes Gespräch im Plenum: Lukas 14,15-24

Die Geschichte kann vorgelesen, aber auch nacherzählt werden. Ganz kreative Vorbereitungsteams machen daraus ein Anspiel und tragen es den Teilnehmerinnen vor. Anschließend erfolgt ein Gespräch über den Text anhand der u.g. Impulse. Die unten angeführten Informationen können im Gespräch eingebracht werden.

Hintergrundinformation zum Text für die Leiterin

Jesus wendet sich mit diesem Gleichnis an seine Gegner und macht ihnen deutlich: Ihr gleicht den Gästen, die nicht kommen wollten. Auch uns heutige Leser stellt das Gleichnis vor die Frage: Zu welcher Gruppe gehöre ich?

V. 15: Der Auftakt für das Gleichnis; hier wird deutlich, dass es um das Reich Gottes geht und darum, an diesem Reich Anteil zu haben.

V. 16: Das Abendmahl oder Abendessen war zur Zeit Jesu und ist heute noch im Orient die Hauptmahlzeit des Tages. Es galt als eine besondere Ehre, persönlich durch einen Knecht eingeladen zu werden, und war eigentlich nur in den vornehmen Kreisen in Jerusalem üblich.

V. 18: Der erste Gast entschuldigt sich mit rein geschäftlichen Gründen. Aber das kann nur ein vorgeschobener Grund sein: Keiner kauft einen Acker, ohne ihn vorher zu besichtigen. Ihm war sein Hof und Acker in diesem Moment wichtiger.

V. 19: Der zweite Gast, ein wohlhabender Grundbesitzer – darauf weist der Besitz von 5 Gespannen Ochsen hin – entschuldigt sich ebenfalls. Er will diese zunächst austesten.

V. 20: Der dritte Gast beruft sich auf das Gesetz. Das mosaische Gesetz befreit einen jung Verheirateten für ein Jahr vom Militärdienst. Dieses Ich–kann–nicht–kommen mag vielleicht eher nach: Ich-will-nicht-kommen klingen. Aber diese Entschuldigung kann auch einleuchten: Die Einladung zu so einem Festessen galt nämlich im Orient nur den Männern. Vielleicht wollte der frisch Verheiratete seine Frau nicht allein lassen.

V. 21: Die Einladung, die von den „Ehrengästen" verschmäht wurde, ergeht nun an alle Lahmen, Blinden und gesellschaftlich nicht „salonfähigen" Außenseiter, an Menschen, die vom jüdischen Kult ausgeschlossen waren. Das muss für die zuerst Geladenen – und für die Jesus zuhörenden Pharisäer – empörend gewesen sein.

V. 23 Nicht nur die Kranken innerhalb der Stadtmauern Jerusalems waren gemeint; der Gastgeber öffnet nun noch den Kreis für alle außerhalb der Mauer, für die an den Hecken, Zäunen und auf den Landstraßen. Gemeint ist sicher das Gebiet der Weinberge rund um die Stadt.

Gesprächsimpulse

- Wie überzeugend klingen für Sie die Gründe der Gäste, die der Einladung nicht folgen?

- Wie würden Sie als Gastgeberin in einer solchen Situation reagieren?

- Was will Jesus Ihrer Meinung nach mit dieser Beispielgeschichte zur Sprache bringen?

- Ist das Bild einer Einladung zu einem Fest Ihrer Meinung nach ein passender Vergleich für die Botschaft Jesu?

- Welche Atmosphäre verbinden Sie mit dem Gedanken an Glaube und Kirche? Etwas Festliches? Etwas Eigenartiges? Etwas Fremdes? Oder ...

- Wie würde meine Antwort heute auf Gottes Einladung lauten? Kann es Interessenkonflikte zwischen Beruf, Privatleben, Beziehungen und dem Glauben geben?

- Heute sind wir als Gemeinde dafür verantwortlich, dass Gottes Einladung als Fest verstanden werden kann. Was können wir tun, damit dieser Festcharakter deutlich wird?

- Wo gibt es in unserer Stadt Menschen „an den Hecken und Zäunen"?

- Welche Hindernisse oder Hemmschwellen habe ich zu überwinden, um auf „Außenstehende" zuzugehen?

- Was könnte die Gemeinde/dieser Kreis tun, um für diese Menschen einladend zu werden?

Wenn Sie den Schwerpunkt des Gesprächs auf den Aspekt des „Einladend werden für andere" legen wollen, können die Beiträge zu den letzten Fragen auch für alle sichtbar schriftlich festgehalten werden (Plakat: „... damit das Haus voll werde"). Die Beiträge der Teilnehmerinnen werden deutlich notiert und prägen sich so besser ein als in einem Gespräch.

3. Abschluss

Material: Einladungskarten, vorbereitetes Büfett, Liedblätter

Als Abschlussüberraschung laden wir nun alle Teilnehmerinnen zu einem festlichen Abendessen ein. Jede Teilnehmerin darf sich ein Bild aus der Dekoration aussuchen und umdrehen. Damit ist die Einladung ausgesprochen – an alle. Ob sie der Einladung wohl folgen?
Nach dem festlichen Essen oder zwischendurch können die folgenden Lieder gesungen werden (Liedblatt vorbereiten!):

Gott lädt uns ein zu seinem Fest (LfG 236)
Gott lädt uns ein: Kommt her (NG 72)
Das ist das Fest, das uns der Herr bereitet (GLB 131)
Heut wird gefeiert (LL 54)

Weiterführende Bausteine

Aus einem solchen Abend können sich – für einzelne Teilnehmerinnen oder für die ganze Gruppe – neue Schritte auf Menschen zu ergeben, zu denen im Allgemeinen eher Berührungsängste bestehen.
- Warum besuchen Sie nicht gemeinsam einmal eine soziale Initiative in Ihrer Stadt? Es sollte kein moralischer Druck entstehen, aber die Erfahrung ermöglicht werden, dass Hinsehen und Information erste Schritte sind, Vorbehalte und Berührungsängste wenn nicht zu überwinden, so doch erst einmal wahrzunehmen. Nur so können sie allmählich – auch durch die gegenseitige Unterstützung in der Gruppe – überwunden werden.
- Eine ganz andere Möglichkeit der Weiterführung wäre es, z.B.

einladende Gottesdienstformen oder andere Begegnungsmöglich-
keiten für besondere Gruppen zu entwickeln: junge Frauen mit
Kindern, Männer, Jugendliche ...

- *Der Einstieg* kann auch über eine Bildmeditation gewählt werden,
  z.B. Willi Fries, Das große Gastmahl (Folien zu Religionsunterricht praktisch 7-10. Göttingen, V&R 1999, Folie 11 mit didakti-
  schem Kommentar).
- Thematisch vertiefend könnte an einem folgenden Abend über das
  Abendmahl gesprochen werden.

Quellennachweis

S. 37f: „Die kleinen Leute": Rechteinhaber konnte leider nicht ermittelt werden.

S. 48:   „Beten" aus: Willi Hoffsümmer, *144 Zeichenpredigten durch das Kirchenjahr.* © Matthias Grünewald Verlag Mainz, 71998.

S. 55ff: „Frederick": Text © 1967 Leo Lionni und Gertraud Middelhauve Verlag, Köln.

S. 75ff: „Georg Friedrich Händels Auferstehung" aus: Stefan Zweig, *Sternstunden der Menschheit,* Fischer Taschenbuch Verlag GmbH, Frankfurt 1998. Abdruck mit freundlicher Genehmigung der S. Fischer Verlag GmbH, Frankfurt am Main.

S. 112: „Sorgt euch nicht": © Felsenfest Musikverlag, Wesel.

S. 113: „Ab und zu einmal lächeln": Rechteinhaber konnte leider nicht ermittelt werden.

S. 123: „Nun geh deinen Weg" aus: Hermann Traub, *Für die Erde ein Stück Himmel,* © R. Brockhaus Verlag, Wuppertal 1991.

S. 173f: „Das Geheimnis ..." aus: *Familien- und Jugendgottesdienste* © Bergmoser + Höller Verlag AG, Aachen.

S. 186f: „Der Kleine Prinz" aus: Antoine der St. Exupéry, *Der Kleine Prinz,* © 1950 und 1998 Karl Rauch Verlag Düsseldorf.

Sue und Larry Richards

Alle Frauen der Bibel –
Ihre Geschichte, ihre Fragen, ihre Nöte, ihre Stärken

352 Seiten. Fester Einband
ISBN 3-7655-1813-1

„Fünf Bücher in einem" ist dieses Buch:
- Lesebuch
- Nachschlagewerk
- Geschenkbuch
- Mitarbeiter- und
- Material-Buch

„Hier erfahre ich endlich, wie Frausein aus biblischer Sicht wirklich gedacht ist! Und Paulus habe ich mit diesem Buch erst richtig verstanden. – Ein superinteressantes Nachschlagewerk ist das! Und auch einfach was zum Schmökern." Josephine Ruiz, Studentin

Aufbau des Buches
- allgemeine Situation von Frauen in ihrer Zeit
- ihre Rolle in der Bibel
- ihre Beziehungen und Bezüge
- Nahaufnahme: Ihr „Thema"
- Impulse für heute

„Frau sein und mit Gott leben – wie kann das heute aussehen? Und wie sah es damals aus, für all die Frauen der Bibel: die mit oder ohne Familie lebten, als Hausfrau, als Führerin eines Volkes, als Mutter oder als Geschäftsfrau? Eins wird in diesem Buch deutlich: Gott macht Geschichte – mit Frauen und durch Frauen. Mein Fazit: Dieses Buch gehört in jede Mitarbeiter-Bibliothek!"
Birgit Winterhoff, Pfarrerin

BRUNNEN VERLAG GIESSEN
www.brunnen-verlag.de

Becky Freeman

Wie Schokoeis und Peperoni
Oder: Doch, doch – ich liebe meinen Mann!

160 Seiten. Paperback
Bestell-Nr. 3-7655-1246-X

Wussten Sie schon, dass es Ehen normalerweise in drei Geschmacksrichtungen gibt? Vanille, Erdbeer und ... Schoko-Peperoni. Alle drei sind köstlich.

Wie schmeckt Ihre Partnerschaft? Lachen, Liebe, Leidenschaft, aber auch hitzige Diskussionen, Temperamentsausbrüche und knallende Türen? Kein Zweifel: Sie sind ein Schoko-Peperoni-Paar.

Aus langjähriger Erfahrung als Hauptbeteiligte in einer Schoko-Peperoni-Beziehung lässt uns Becky Freeman „hinter die Kulissen" schauen. Dabei erfahren wir, was zu tun ist,

- wenn SIE aus der Luxuswelt von HARRODS stammt und SEINE Welt der ALDI-Markt ist
- wenn aus Flitterwochen Gewitterwochen werden
- wenn es gilt, Brücken über ungeahnte Abgründe zu bauen
- wenn verbrannter Toast die heißen Küsse abkühlt ...

Garniert mit viel Verständnis für all die kleinen Klippen des Schoko-Peperoni-Alltags serviert Becky Freeman ihre liebenswerten Einsichten mit gerade dem Schuss Humor und Lebensweisheit, der immer wieder Lust macht auf einen Nachschlag ...

Becky Freeman ist verheiratet mit Scott und damit Hauptbeteiligte in einer knisternden Schoko-Peperoni-Beziehung, Autorin zahlreicher Bücher und der populären „Marriage 9-1-1"-Radio-Sendung. Außerdem Mutter von vier Kindern, Referentin, Diät-Expertin, Krisenmanagerin, Beinahe-Sportlerin, beste Freundin ... Kurz: Eine Frau mitten im Leben. Sie lebt mit ihrer Familie in Greenville, Texas.

BRUNNEN VERLAG GIESSEN
www.brunnen-verlag.de